FI
LO
CA
LIA

DISCOURS

DE LA

RÉFORMATION

DE

L'HOMME INTÉRIEUR,

PRONONCÉ

PAR UN S. EVESQUE.

AVEC

Des Extraits de M. Hamon & de D. le Nain de la Trape.

Cornelius Jansenius

DISCURSO DA REFORMA DO HOMEM INTERIOR

∽∽∽∽∽

Tradução e comentário **Andrei Venturini Martins**

Prefácio **Ricardo Reali Taurisano**

FILOCALIA

Copyright desta edição © 2016 Editora Filocalia
Título original: *Discours de la Réformation de l'Homme Intérieur*

editor
Edson Manoel de Oliveira Filho

produção editorial
Editora Filocalia

capa e projeto gráfico
Fernando Moser

preparação de texto e revisão
Lizete Mercadante Machado

Reservados todos os direitos desta obra. Proibida toda e qualquer reprodução desta edição por qualquer meio ou forma, seja ela eletrônica ou mecânica, fotocópia, gravação ou qualquer outro meio de reprodução, sem permissão expressa do editor.

Dados Internacionais de Catalogação na Publicação (CIP)
Angélica Ilacqua CRB-8/7057

Jansenius, Cornelius (1585-1638)
 Discurso da reforma do homem interior / Cornelius Jansenius ; comentário e tradução Andrei Venturini Martins ; prefácio de Ricardo Reali Taurisano. – São Paulo : Filocalia, 2016.
 128 p.

Bibliografia
ISBN 978-85-69677-01-7
Título original: *Discours de la Reformation de l' Homme Intérieur*

1. Vida cristã 2. Espiritualidade cristã I. Título II. Martins, Andrei Venturini III. Taurisano, Ricardo Reali

CDD: 248
CDU: 248.12

15-0969

Índices para catálogo sistemático:
1. Vida cristã

Editora Filocalia Ltda.
Rua França Pinto, 509 · São Paulo SP · 04016-002 · Telefax: (5511) 5572 5363
atendimento@editorafilocalia.com.br · www.editorafilocalia.com.br

Este livro foi impresso pela Intergraf Indústria Gráfica em fevereiro de 2016.
Os tipos são da família Apple Garamond. O papel do miolo é o Lux Cream 90g, e o da capa, cartão ningbo star 250g.

Sumário

Prefácio 7

Comentário do tradutor 17

   Jansenius e o jansenismo 18

   Jansenius: um detector de vaidades 34

Discurso da reforma do homem interior 45

   Aviso ao leitor 47

   Prefácio 49

   Começo do discurso 55

   I Parte: Das volúpias da carne 65

   II Parte: Da curiosidade 75

   III Parte: Do orgulho 81

   Conclusão 105

   Apêndice: *Pronunciado por um Santo Bispo com trechos do Sr. Hamon e de D. Le Nain de la Trape* ... 113

Referências bibliográficas 118

Notas 120

Prefácio | Ricardo Reali Taurisano[1]

que se espera de um prefácio? Tecnicamente, que se teçam algumas considerações preambulares a respeito da obra e de seu autor. Ora, o que é preambular deve vir adiante. Porém o que seria tão importante a ponto de ser colocado à frente do principal, da própria obra? Sem dúvida não seria nada que lhe fosse acessório ou menos importante, servindo apenas para refrear o leitor um tanto mais, arrefecendo seu interesse. Pelo contrário, espera-se que seja algo que recrudesça seu entusiasmo, ao modo de uma breve introdução. Todavia, que dizer de Cornelius Jansenius, de seu pensamento e do contexto de seus escritos, sem descair em tautologias, para além do que está dito na *Introdução* que se segue? Seria talvez discorrendo brevemente sobre seus epígonos, os chamados jansenistas, como Blaise Pascal, o mais célebre deles, em cujo pensamento, porém, o professor Andrei Venturini Martins, autor da referida *Introdução* assim como da tradução, é notório especialista? De modo nenhum. Portanto, se o que se espera seja dito neste prefácio deva de fato

---

[1] Doutor em Filosofia e mestre em Letras Clássicas pela Faculdade de Filosofia, Letras e Ciências Humanas da Universidade de S. Paulo (FFLCH/USP). Autor de *O Enigma do Espelho: A Retórica do Silêncio em Agostinho de Hipona* e *O Livre-Arbítrio de Agostinho de Hipona*. Latinista e helenista, pesquisa história da filosofia antiga, patrística e medieval, com ênfase especial na relação entre filosofia e retórica.

preambular a obra, que se diga então algo sobre o prógono, aquele que antecipou a todos, emprestando, por sua incomensurável influência, seu nome ao século de Pascal e do próprio Jansenius, Aurélio Agostinho (354-430), bispo católico da cidade norte-africana de Hipona, situada na província romana da Numídia, cujo pensamento, nos estertores da Antiguidade, reformula e redireciona toda a herança clássica, abrindo definitivamente os portais do Medievo.

Contudo, como dizer algo em poucas palavras a respeito de Agostinho, cuja filosofia transcende os limites da própria especulação cristã? Conquanto inexequível seja a tarefa, ao menos no que respeita ao *Discurso da Reforma do Homem Interior*, pode-se avançar sem qualquer temeridade que a dívida de Jansenius com o pensador de Hipona não é das menores, assim como tampouco é pequena a do próprio Agostinho com a teologia do apóstolo Paulo. De fato, se o convertido de Damasco,[2] de primeiro, estabelece a gratuidade da ação divina sobre o homem, quando diz que Deus tem misericórdia de quem quer (Rm 9,15.18), o convertido de Milão,[3] na sequência, ratifica em definitivo a Graça na ordem especulativa do dia, não apenas pelo reconhecimento da preexistência divina, mas pelo fato incontestado da criação indébita do homem: "Antes que eu existisse, existias tu, e eu nem existia, para que me concedesses que eu existisse" (*Conf.* 13,1,1). Nada obstante o esforço antagônico do monge bretão Pelágio (c. 350-423) e de seus epígonos, a partir de Agostinho torna-se bastante claro que o homem não havia merecido de forma alguma sua criação, a não dizer dos restantes dons, criação que se deu uma vez e sempre por meio da bondade e vontade de Deus, gratuitas ambas. E se, centenas de anos mais tarde, uma das marcas do século XVII vem a ser a controvérsia sobre essa mesma *gratia*, não

---

[2] O fariseu Saulo de Tarso, que posteriormente haveria de ser chamado pelo nome de Paulo (At 13,9), converte-se ao cristianismo às portas de Damasco, segundo relata o evangelista Lucas, no livro dos *Atos dos Apóstolos* (At 9,1-6).

[3] Agostinho converteu-se definitivamente ao catolicismo em Milão, então capital do Império Romano, por volta do ano 386, sendo batizado por Santo Ambrósio na Páscoa de 387.

admira o fato de que aquele, cujo próprio epíteto era *doctor gratiae*, "doutor da Graça", ter sido feito epônimo do século.

Jansenius estrutura o seu *Discurso da Reforma do Homem Interior* em torno da tríade desiderativa constante da primeira epístola do apóstolo João (1Jo 2,16): concupiscência da carne (ἐπιθυμία τῆς σαρκός); concupiscência dos olhos (ἐπιθυμία τῶν ὀφθαλμῶν); e jactância da vida (ἀλαζονεία τοῦ βίου). A fonte de Jansenius, contudo, não é nem o grego joanino tampouco a *Vulgata*, e sim o latim posterior de Agostinho, constante dos dez tratados que escreveu e proferiu para comentar a primeira epístola de João (*In epistolam Ioannis ad Parthos tractatus decem*), cuja fonte escriturária era antes a *Vetus Latina*, tradução antiga da Bíblia, em latim popular, emendada posteriormente pelo ilírio Eusebius Sophronius Hieronymus (347-c. 420), mais conhecido como um dos doutores da Igreja Católica, São Jerônimo, por volta do final do século IV ou início do V. No segundo *tractatus* (2§10), para comentar a suprarreferida perícope de João, Agostinho a reproduz do seguinte modo: "Pois tudo o que há no mundo é desejo da carne, desejo dos olhos e ambição do século. João mencionou três coisas, as quais não são do Pai, mas do mundo. E o mundo passa e também os seus desejos. Porém aquele que fizer a vontade de Deus, esse permanecerá para sempre, assim como ele também permanece para sempre" (*quia omne quod in mundo est desiderium est carnis et desiderium oculorum et ambitio saeculi. tria dixit, quae non sunt ex patre, sed ex mundo sunt. et mundus transit et desideria eius. qui autem fecerit uoluntatem dei, manet in aeternum, sicut et ipse manet in aeternum*). Esse tripé, em que o *mundus* (κόσμος) joanino se sustenta, como bem percebera Agostinho, está fundado, por sua vez, sobre uma dicotomia marcadamente cristã: mundo-Deus (que se explicará na sequência). Pois bem, antecipa o filósofo de modo proléptico, se tudo foi feito por Deus, ou antes, se todas as coisas que existem são obra de Deus, sendo por isso mesmo boas, por que motivo não amá-las? (*quare non amem quod fecit deus?*) A resposta, como exímio *rhetor* que era, não poderia

Prefácio

dar-se senão com a ênfase do *erōtēma*, a pergunta evidente que não carece de ser respondida: se as coisas do mundo são transitórias como o tempo, ao passo que as coisas de Deus permanecem, preferirá o homem passar com o mundo ou viver para sempre com Deus? (*utrum amare temporalia et transire cum tempore, an mundum non amare et in aeternum uiuere cum deo?*) E se o amor do mundo te arrastar como em um aluvião, antecipa ainda uma vez Agostinho, prevendo os argumentos contrários que lhe poderiam ser suscitados, "agarra-te a Cristo" (*tene Christum*), pois "ele se fez temporal para ti, para que tu te faças eterno" (*proter te factus est temporalis ut tu fias aeternus*). Portanto aquele que quer viver eternamente deve amar o que seja como Deus, eterno; eternidade essa cujo antípoda é o tempo, ou antes, aquilo que se diz temporal, representado pelo mundo: "Mas não amemos o mundo nem as coisas que estão no mundo, pois as coisas que estão no mundo são desejo da carne, desejo dos olhos e ambição do século" (*sed non diligamus mundum neque ea quae in mundo sunt. quae enim in mundo sunt desiderium carnis est et desiderium oculorum et ambitio saeculi*) (2§11). Essas são, pois, as três concupiscências, chamadas por Agostinho de *desideria*, "desejos", que o homem não deve nutrir em si, sob pena de afastar-se da eternidade de Deus, prendendo-se indefinidamente ao mundo da carne.

Entretanto, se o que se deseja é igualmente obra de Deus, assim com o próprio desejante, insiste Agostinho, por que não amá-lo sem culpa? E, com efeito, da terra ao mar, das estrelas do céu aos animais terrestres, aquáticos e aéreos, enfim, todas essas coisas, que se dizem do mundo, também são de Deus, isto é, criaturas dele, pelo que são boas, admite o filósofo. Porém o mal não está em amá-las, e sim em abandonar o Criador ao fazê-lo: "Ai de ti se amares as coisas criadas e desertares o Criador" (*uae tibi si amaueris condita et deserueris conditorem*). O mundo e suas coisas só se devem amar por tê-los feito o Criador, não por serem bens em si mesmos. De fato, se é bom aquilo que Deus fez, quanto melhor não será ele, que tem a capacidade de continuar fazendo, mais e

melhor? E se as coisas do mundo não se devem desprezar totalmente, já que o mal não está nelas nem em amá-las e sim no modo torto de fazê-lo, qual seria o modo correto desse amor? Ou então, dito de outro modo, segundo a tríade joanina: como amar a carne, amar com os olhos e amar a glória do mundo sem perder-se? A temperança, diz Agostinho, é a medida do bom uso, pois quando se amam ou utilizam as criaturas de modo cúpido, sôfrego, e não do modo temperante como se deve, o resultado é o desprezo pelo Criador (*dum non temperanter sed cupide utuntur creatis, creator contemnitur*) (2§11). Deste modo, tudo aquilo que leva o homem a desprezar seu Criador, torna-se pecado; seu contrário, o que leva ao seu amor, virtude. Por isso, pondera o hiponense, "Deus não te proíbe amar essas coisas, mas de amá-las tendo por fim a felicidade" (*non te prohibet deus amare ista sed non diligere ad beatitudinem*); porque ele quer que sejam amadas para que ele seja nelas amado (*ut ames creatorem*). "Logo", conclui Agostinho, uma vez que foi "Deus quem te deu todas essas coisas, ama-o, a ele que as fez" (*ergo dedit tibi deus omnia ista, ama illum qui fecit*), pois ele quer dar-te algo que é muito mais do que elas, a saber, ele mesmo, que as fez (*plus est quod tibi uult dare, id est, sepisum, qui ista fecit*). E aquele amor, por sua vez, que se volta para as criaturas, em vez de voltar-se para o Criador, outra coisa não é senão um "amor adúltero" (*amor adulterinus*). Ficou dito que as três concupiscências assentam-se sobre a dicotomia mundo-Deus, porque, como bem explica Agostinho, com a palavra "mundo" (*mundus*) não se está referindo apenas à construção feita por Deus (*non solum ista fabrica quam fecit deus*), constituída de céu, terra, mar, estrelas, seres visíveis e invisíveis (*uisibilia et inuisibilia*), mas também aos seus habitantes (*sed habitatores mundi mundus uocantur*). Na verdade, não são todos os habitantes do mundo que se denominam neste sentido, e sim os habitantes do mundo que amam o mundo em detrimento do amor que devem a Deus e às coisas de Deus (2§12): "Logo todos os que amam o mundo são chamados de mundo" (*omnes ergo dilectores mundi mundus uocantur*), conclui o pensador. Essa distinção é fundamental, porque é sobre ela

que se assentam, como se disse, as três ordens de desejos ou concupiscências, pois esses que habitam o mundo e o amam "não possuem senão essas três ordens: desejo da carne, desejo dos olhos e ambição do século" (*ipsi non habent nisi ista tria: desiderium carnis, desiderium oculorum et ambitionem saeculi*). E que é o desejo da carne, senão "comer, beber, copular e prazeres do tipo"? (*manducare, bibere, concumbere, uti uoluptatibus istis*). Ora, se essas coisas, como se disse, não são más, por que então condenar seu desejo? Por que não seria lícito fazer uso delas com moderação? (*numquid non est in his modus?*) Do contrário, argumenta o próprio Agostinho, "quando se diz: 'Não ameis essas coisas!', está-se acaso dizendo que vós não deveis comer ou beber ou procriar filhos?" (*aut quando dicitur: "nolite ista diligere", hoc dicitur ut non manducetis aut non bibatis aut filios non procreetis?*) Bem menos radical do que gostam de fazê-lo parecer, Agostinho não endossa de modo algum essa proibição (*non hoc dicitur*). O que se deve fazer, ao contrário, é utilizar-se das coisas do mundo sem deixar-se apreender pelo amor do mundo, o que se dá sempre em detrimento do amor de Deus; ou seja, deve-se utilizá-las tendo em vista o fim último que se deve fruir, Deus: "Não ameis para fruir aquilo que deveis possuir apenas para usar" (*ne ad fruendum hoc ametis quod ad utendum habere debetis*). A distinção é clássica no pensamento do filósofo, podendo ser sintetizada na díade *uti-frui*, utilizar-fruir. Só Deus, em última análise, é digno de ser fruído, ou seja, de ser amado como um fim em si e por si mesmo, ao passo que as demais coisas devem ser amadas por e para Deus. Portanto é esse o desejo da carne (*desiderium carnis*): "Desejo das coisas que se referem à carne, como a comida, a cópula e coisas do gênero" (*desiderium earum rerum quae pertinet ad carnem, sicut cibus et concubitus et cetera*). O desejo dos olhos (*desiderium oculorum*), como retomará Jansenius muito depois, relaciona-o Agostinho a toda espécie de curiosidade (*omnem curiositatem*), como a que seduzia e atraía os contemporâneos do filósofo para os espetáculos do circo ou do anfiteatro, fosse para assistir às tradicionais corridas de bigas e quadrigas ou arrepiar-se com

os combates cruentos de gladiadores na arena, ou então para o teatro, a fim de deliciar-se com a licenciosidade dos mimos, ou mesmo para os rituais teúrgicos, por cuja invocação demoníaca esperava-se desvelar mistérios conhecidos apenas pelos deuses. O móvel de todas essas ações, consideradas reprováveis, é a curiosidade, diz Agostinho. A ambição do mundo (*ambitio saeculi*), por sua vez, define-se como soberba (*superbia*), um desejo de vangloriar-se pelas honras recebidas (*iactare se uult in honoribus*), de considerar-se um grande homem (*magnus sibi uidetur homo*), seja por causa das riquezas que se possuam (*siue de diuitiis*), seja por alguma outra capacidade qualquer (*siue de aliqua potentia*) (2§13). Tais são as três ordens de concupiscências, conclui o filósofo, reconhecendo condensar-se nelas tudo o que possa vir a tentar o desejo do homem (*tria sunt ista, et nihil inuenis unde tentetur cupiditas humana*) (2§14). Isso porque o próprio Deus, na figura de Cristo, submeteu-se a elas, ao ser tentado no deserto pelo diabo (*per ista tria tentatus est dominus a diabolo*). Portanto não haveria necessidade de ir além, pois quem pudesse vencer as três tentações que Cristo venceu e ensinou a vencer por seu exemplo ver-se-ia livre de todo pecado. A pri-meira, a tentação de tornar as pedras em pão (Mt 4,3), refere-se ao desejo da carne; a segunda, quando lhe diz o tentador que se atirasse precipício abaixo para que seus anjos o recolhessem são e salvo (Mt 4,6), refere-se ao desejo dos olhos; na ambição do mundo, por sua vez, Cristo é tentado quando, do pináculo do templo, promete-lhe o diabo o poder sobre todos os reinos da Terra, sob a condição de que o adorasse e a ele se submetesse, o que Jesus recusa com veemência (Mt 4,9). Todas essas concupiscências são "do mundo", das coisas do mundo, em detrimento das coisas de Deus, pois aquele que não ama o mundo e seus bens temporais, preferindo a eternidade de Deus, estará livre tanto do desejo da carne, como do desejo dos olhos e da ambição do mundo (*non habendo concupiscentiam mundi non uos subiugabit nec desiderium carnis nec desiderium oculorum nec ambitio saeculi*) (2§14). E uma vez liberto das concupiscências do mundo, que englobam os desejos da carne, dos olhos e da

Prefácio

ambição, estará livre para amar a Deus e ser por ele amado, ao fazer morar em seu coração sua caridade imutável (*et facietis locum caritati uenienti*); caridade que fará com que ame o que deve amar, não em detrimento do mundo, e sim em seu benefício, ao amar o Criador do mundo. Isso porque quem ama o mundo não ama Deus como deve amar, uma vez que a caridade de Deus não pode coexistir com o amor do mundo (*si fuerit ibi dilectio mundi non ibi erit dilectio dei*). Quem ama a Deus, que é eterno, permanecerá eterno, como ele (*ut quomodo deus est aeternus sic et uos maneatis in aeternum*), mas quem ama o mundo de terra, será terra como o mundo (*terram diligis? terram eris*).Cornelius Jansenius, como agostiniano que era, não apenas incorpora o pensamento de seu mestre, como lhe imprime tonalidade marcadamente ascética, típica da mentalidade de sua época, banhada pelo vaivém das águas tumultuosas da Reforma e da Contrarreforma. Conquanto sorva com quase sofreguidão o néctar delicioso e fluido da prosa agostiniana, não se limita Jansenius a ser um mero reprodutor de seu mestre, esforçando-se por oferecer ao leitor de seu tempo a sua própria interpretação, o que o torna sem dúvida um autor original, merecendo ainda hoje ser lido por todo estudioso interessado pelas questões fundadoras do pensamento ocidental e suas derivações filosóficas no decurso da história.

A tradução que aqui se apresenta do *Discurso da Reforma do Homem Interior*, introduzida e anotada pelo professor Andrei Venturini Martins, pesquisador sério e aplicado da história da filosofia moderna e especialista no pensamento de Pascal, merece cuidadosa apreciação, não apenas pelo ineditismo da obra que traz a público, praticamente desconhecida do leitor não especialista, mas principalmente pelo meticuloso estudo do texto e do contexto do autor. Com efeito, não consegue compreender Jansenius quem não compreende sua época, pois, como diz Bertrand Russell, em sua célebre *History of Western Philosophy*, para compreender uma era, faz-se necessário compreender-lhe a filosofia, assim como para compreender-lhe a filosofia, faz-se preciso ser de algum modo e em alguma medida também filósofo. Isso porque há uma relação

de reciprocidade em que as circunstâncias da vida dos homens exercem grande influência sobre sua filosofia, tanto como, de modo invertido, a sua filosofia exerce influência enorme na determinação das suas circunstâncias de vida. O professor Andrei é filósofo e apercebeu-se disso muito bem, pelo que seu trabalho merece ser lido, ao menos com o cuidado diligente e com a mentalidade cientificamente aberta com que seu esforço foi empreendido.

Comentário do tradutor

A obra *Discurso da Reforma do Homem Interior*, de Cornelius Jansenius, descreve minuciosamente o itinerário do orgulho da alma humana depois da queda adâmica. A edição bilíngue que se apresenta permite ao leitor o contato com a imagem da tradução francesa, realizada por Robert Arnauld d'Andilly e publicada em 1644. O texto original foi redigido em latim, em 1628, a fim de executar a reforma de um monastério beneditino. A edição francesa assume uma grande importância por ter influenciado aquele que é considerado um dos herdeiros do pensamento de Jansenius, a saber, Blaise Pascal, filósofo do século XVII, que em 1646, na cidade de Rouen (Normandia), recebe dos irmãos *Deschamps*[1] esta obra que aguçaria consideravelmente o espírito daquele jovem de 23 anos que, mais tarde, seria reconhecido como o grande representante do moralismo francês, esta arte que descreve detalhadamente as reviravoltas da concupiscência presente na interioridade do ser humano.

Na tradução encontramos uma única dificuldade: a pontuação, que, caso fosse seguida ao pé da letra, poderia trair o significado da frase. Assim, optamos

---

[1] O pai de Pascal, Étienne Pascal, havia sofrido um acidente e precisava de cuidados médicos. Os irmãos Deschamps, ao mesmo tempo que exercem a medicina como forma de realizar seu apostolado, também pregavam o evangelho e auxiliavam as famílias a crescerem na fé.

por estabelecer o seguinte critério: reproduzir a pontuação que mais se aproxima do texto, mantendo o estilo do autor, mas fazer as interferências necessárias quando a literalidade da tradução trairia o significado do parágrafo. Ciente de que todo texto possui uma estrutura lógica revestida de uma estrutura literária,[2] tentamos preservar estes dois aspectos basilares na tradução.

Gostaríamos de agradecer à Editora Filocalia e, de maneira especial, a seu principal mentor, Edson Manoel de Oliveira Filho, a confiança em nosso trabalho, a oportunidade de publicação e o desejo de apresentar ao público de língua portuguesa esta primeira tradução de Jansenius. Agradeço também aos professores Luiz Felipe Pondé (PUC–SP), Rachel Gazolla de Andrade (Faculdade de São Bento–SP), Vincent Carraud (Université de Caen), Gilles Olivo (Université de Caen), Laure Verhaeghe (Université de Caen), Alberto Frigo (Université de Caen), Juvenal Savian Filho (Unifesp), Cecília Cavaleiro de Macedo (Unifesp), Fernando Altemeyer Junior (PUC – SP), Luís César Guimarães Oliva (USP), Ênio José da Costa Brito (PUC – SP) e Domingos Zamagna (Unifai). Saliento também meu profundo agradecimento, amizade e admiração ao professor Ricardo Reali Taurisano que, mesmo diante das inúmeras tarefas do cotidiano, prefaciou este trabalho com a notória maestria literária e filosófica que lhe é intrínseca, além de realizar cuidadosamente a revisão dos textos em latim e das inúmeras passagens decorrentes da obra de Agostinho. Por fim, sublinho a benevolência dos meus familiares e amigos mais próximos, aos quais dedico, com imensa gratidão, este trabalho.

JANSENIUS E O JANSENISMO

Em 1951, Jean Dagens, em ocasião de um congresso internacional, expôs uma curiosa ideia: "O século XVII é o século de Santo Agostinho".[3] Tal afirmação

---

[2] Sobre a estrutura lógica e literária de um texto, assim como a significativa explicação de como analisar um texto de filosofia, ver Mario Ariel González Porta, *A Filosofia a Partir de seus Problemas*. 3. ed. São Paulo: Loyola, 2007, p. 31-76.

[3] Philippe Sellier, *Pascal et Saint Augustin*. Paris: Albin Michel, 1995, p. I.

apresenta uma justificativa relevante, pois as controvérsias sobre a graça, no embate entre Santo Agostinho e Pelágio,[4] foram retomadas no século XVII pela maior parte dos teólogos. A teologia da graça agostiniana toca, de maneira especial, questões antropológicas como: quem é o homem? Qual é a causa do mal? O que é a liberdade? Todos os homens podem ser salvos? Quem são estes "todos", ou seja, todos os homens ou todos os homens que Deus quer salvar? A salvação depende de Deus, do homem ou do homem e de Deus? Essas inúmeras questões motivaram os pensadores do século XVII a refletir tanto a antropologia inerente à obra do bispo de Hipona quanto a identidade doutrinária de um cristianismo ferido pela Reforma protestante.[5] O palco religioso no século XVII foi invadido por um furacão de ideias, palco que era habitado por luteranos, calvinistas, molinistas e jansenistas. Foi um fenômeno marcado pela proliferação de doutrinas que dissipavam cada vez mais a unidade da Igreja, esta que é considerada o corpo místico de Cristo.

Diante do caos de ideias, cada vez mais difundido, o retorno à tradição da Igreja como critério de verdade tornou-se a principal preocupação nas

---

[4] Nesse debate, que ocorreu no início do século V, Pelágio defendia que a graça já está no homem de forma suficiente, de tal modo que basta fazer bom uso do livre-arbítrio para realizar o bem; em contrapartida, Santo Agostinho defendia a ideia de que a graça presente no homem depois da queda adâmica não é suficiente, sendo necessária uma graça exterior que Deus concede a quem Ele quer, graça esta que regenera a vontade corrompida pela queda e possibilita ao homem cooperar com a graça que origina a boa ação, realizando de forma eficaz a vontade de Deus.

[5] "A percepção da importância da Queda e das consequências do pecado original, do tamanho inteiro do dano a ser reparado, retornou com o século XVI. Os reformadores descobriram de novo Agostinho [...]. Com Lutero e Calvino de modo especial, a ênfase foi colocada de novo na impotência do homem e na eficácia da graça. A doutrina da justificação só pela fé – e da fé como dom de Deus – não constituía nenhuma especulação mecânica; era o grito apaixonado de homens que, como Agostinho, esforçavam-se desesperadamente em busca de uma solução e cujas tentativas de impor ordem na experiência mantiveram vivo para o mundo moderno o dilema agostiniano" (G. R. Evans, *Agostinho sobre o Mal*, p. 267). O retorno à obra do bispo de Hipona é algo que aparece com imensa força no século XVI e, de maneira especial, no contexto francês do século XVII. Alguns temas agostinianos serão avidamente trabalhados, como a condição do homem antes e depois do pecado, a relação entre a justiça e a misericórdia de Deus, a eleição dos predestinados, a medida do pecado do homem e as controvérsias sobre a graça.

discussões sobre as controvérsias doutrinárias.[6] Por esse motivo, um retorno às fontes mais antigas do cristianismo significava um encontro com seu verdadeiro sentido. Santo Agostinho, considerado como um dos grandes representantes da ortodoxia da Igreja, torna-se um ponto de referência, já que seu legado literário o consagra como o grande Doutor da Graça. Os protestantes abriram o caminho na recuperação da doutrina agostiniana e logo foram seguidos pelos católicos.[7] Portanto, será com a modernidade que o agostinismo conhecerá a sua idade de ouro com a publicação das obras do bispo de Hipona.

Em 1506, apareceria a primeira edição das obras completas de Santo Agostinho, a chamada *édition d'Amerbach*, sendo ainda um trabalho imperfeito. Mais tarde, em 1576-1577, é publicada a *édition de Louvain*, esta, porém, entra em cena no fim do século XVI e prevalece em todo o século XVII, sendo substituída somente pela edição dos beneditinos de São Mauro, em meados de 1679-1700.[8] A publicação de tais obras nos permite afirmar as influências notáveis que a literatura agostiniana causou no século XVII: Blaise Pascal, por exemplo, usava a *édition de Louvain*.[9] O livro *Confissões*, traduzido em 1649

---

[6] Verificamos este retorno à tradição em um texto de Pascal chamado *Les Écrits des Cures de Paris*. "Nossa religião tem os mais firmes fundamentos. Como ela é toda divina, é somente em Deus que se apoia, e não possui nenhuma doutrina que não tenha recebido de Deus pelo canal da tradição que é nossa verdadeira regra, que nos distingue de todos os hereges do mundo e nos preserva de todos os erros que nascem dentro da própria Igreja, porque conforme o pensamento do grande São Basílio, hoje nós só acreditamos nas coisas que nossos bispos e pastores nos ensinaram e que estes receberam daqueles que os precederam e dos quais receberam sua missão: e os primeiros que foram enviados pelos apóstolos, só disseram aquilo que estes ensinaram. E os apóstolos que foram enviados pelo Santo Espírito não anunciaram ao mundo senão as palavras que o Espírito Santo lhes tinha confiado: e o Espírito Santo que foi ensinado pelo Filho recebeu suas palavras do Filho, como é dito no Evangelho e, enfim, o filho que foi enviado pelo Pai só disse aquilo que ele tinha ouvido do Pai, como ele propriamente disse" (Blaise Pascal, *Les Écrits des Cures de Paris*, p. 481-82. In: Idem, *Ouvres Complètes*. Edição de Louis Lafuma. Paris: Seuil, 1963, p. 471-84).

[7] Cf. Philippe Sellier, *Pascal et Saint Augustin*, p. 12.

[8] Cf. Ibidem, p. II.

[9] Cf. Ibidem, p. III.

por Robert Arnauld d'Andilly, irmão do estimado teólogo jansenista Antoine Arnauld, inaugurou um novo gênero literário: a autobiografia. "Constata-se uma correlação entre a ascensão do agostinismo na França e o progresso de uma literatura autobiográfica de proporções religiosas."[10] O estilo autobiográfico de Santo Agostinho repercutiria prontamente não só nos escritos religiosos, mas em obras filosóficas que marcam o período moderno: encontramos alguns traços marcantes deste novo gênero literário no *Discurso do Método* (1637) de René Descartes.[11] Santo Agostinho escreveu uma autobiografia da conversão, ao passo que Descartes elaborou uma autobiografia metodológica.

As traduções da obra de Agostinho impulsionaram o surgimento de um novo universo literário na França. Esse é marcado especialmente pelas influências neoplatônicas, que foram interpretadas pelos cristãos como nostalgia do mundo: o mundo é sombra e está corroído pelo mal, por este motivo, o autêntico cristão deve abandonar o mundo. Os jansenistas, por exemplo, "estão de acordo em afirmar que o mundo é mau e que nenhuma *ação humana* pode transformá-lo antes do juízo final".[12] O platonismo cristão de Santo Agostinho vê o mundo como um vale de lágrimas inconstante, devendo o homem libertar-se de suas paixões e somente pensar em outra vida, aquela prometida por Deus a todos os seus eleitos. As reflexões de Agostinho são absolutamente socráticas, naquilo que diz respeito à máxima: "Conheça-te a ti mesmo". O bispo de Hipona volta-se para a alma e, por esse motivo, sua obra pode ser considerada o alicerce do moralismo francês do século XVII. O moralismo pode ser definido como o retorno a si, uma análise minuciosa da alma, capaz de despertar o homem do cárcere das paixões e fomentar o desejo de romper com a concupiscência que é fruto de uma natureza decaída.

---

[10] Philippe Sellier, *Pascal et Saint Augustin*, p. VI.

[11] Cf. Ibidem, p. VI-VII.

[12] Lucien Goldmann, "El Hombre y lo Absoluto". In: *Le Dieu Caché*. Trad. J Ramón Capella. Barcelona: Ediciones Península, 1968, p. 186.

Então se compreende melhor a florescência das reflexões sobre a imortalidade da alma no século XVII e os traços característicos de análise "moral" clássica: os "moralistas" tendem a inclinar-se somente sobre a alma, encobrindo a história, a geografia, a sociologia.[13] Os moralistas deixam de lado as reflexões historiográficas, geográficas e sociológicas, mas realizam uma produção teológica que manifesta claramente uma visão pessimista e sombria do mundo sem Deus. O desejo, após a queda de Adão, torna-se um grande mal, que faz do homem centro e escravo de si. Além de um ideal analítico da alma, que marca o moralismo francês de cunho religioso, o mergulho na interioridade também produziu um outro ideal, todavia, não religioso, denominado *honnêteté*, "[...] ou arte de brilhar em todas as seduções da vida".[14] O *honnête homme* é o homem sociável, que revela uma personalidade cortês, civilizada e bem provida de virtudes morais. Ele não funda uma moral específica, mas é um mundano que vive uma vida social de maneira perfeita, mantendo seu temperamento em todas as ações. Para Pascal, crítico deste ideal,[15] a palavra-chave para entendê-lo é "agradar". Agradar a todos sempre, porém, sem se colocar em um nível superior que não esteja ao alcance de outros. Por exemplo, quando um *honnête homme* chega a uma conversa já começada, ele deverá falar daquilo que os personagens já estavam falando, pois, impor outro assunto pode constranger os interlocutores, que talvez dele nada saibam e, assim, condenar o diálogo ao silêncio. O *honnête homme* será aquele que não incomoda os outros, mas que

---

[13] Philippe Sellier, *Pascal et Saint Augustin*, op. cit, p. XI.

[14] Ibidem, p. X. Ver Jean Mesnard, *Les Pensées de Pascal*. Paris: Ed. Sedes, 1993, p. 105-37. A noção de *honnête homme* move uma função importante no século XVII. O nome foi empregado pela primeira vez em uma obra de grande sucesso chamada *L'Honnête Homme ou l'Art de Plaire à la Cour*, de Nicolas Faret, em 1630.

[15] Apesar de criticar o ideal de *honnête homme*, Pascal não deixa de reconhecer uma limitada nobreza nesse comportamento: "[...] sejam ao menos *honnêtes gens*, se não podem ser cristãos [...]". (Blaise Pascal, *Pensamentos,* Laf. 427 Bru. 194). Ora, se não podemos ser cristãos, já que a fé é dádiva de Deus, então, ao menos que cada homem se esforce para não fazer de si o centro de todos os homens.

se deixa incomodar em favor do outro. Em nome do bem-estar social, ele se esquece de si em favor ao outro, comportamento que lembra o ideal de virtude cristã: sacrifício de seus desejos em nome do desejo dos outros. Ele é o homem universal por excelência, aquele que se mantém no meio, não permanecendo nem no extraordinário nem no ordinário: é o modelo de humanidade querida e desejada por todos. Pascal reage de forma veemente a esse tipo de comportamento, já que o homem deve ter Deus como modelo, não o homem. Destaca ainda que o *honnête homme* manifesta um amor de si bem regrado, mas com um objetivo claro: tirar vantagem com sua postura. Ele agrada para ser agradado, adula para ser adulado, ama para ser amado, elogia para ser elogiado e estima para ser estimado. O resultado que esse ideal produz é bom, mas aquilo que move tais comportamentos é a corrupção manifesta na vontade de ser amado por todos. Esta é a acusação mais gritante feita por um agostiniano, como o foi Pascal, ao ideal de *honnêteté*. Conhecer a verdadeira causa que rege o comportamento dos homens é o principal alvo de um moralista como Pascal, que era leitor de Jansenius e se denominava um discípulo de Santo Agostinho. Portanto, vemos que a viagem à interioridade promovida por Santo Agostinho foi capaz de influenciar o moralismo francês católico, assim como um ideal laico, uma virtude social denominada *honnête homme*.

Poderíamos dizer que Santo Agostinho exerceu forte influência nos reformadores quanto à análise do mundo, do homem e de Deus, já que tanto Lutero como Calvino afirmam a miséria do homem sem o Criador quando aquele é deixado às suas próprias forças e entregue aos caprichos mundanos. Não aprofundaremos neste trabalho as influências do bispo de Hipona entre os reformadores, porém, não podemos negar tal influência: Lutero era monge agostiniano, ao passo que Calvino apresentava uma doutrina que mais parece um "mosaico agostiniano".[16] Mas a influência agostiniana não é exclusividade dos reformadores. Como era de

---

[16] Philippe Sellier, *Pascal et Saint Augustin*, op. cit., p. II.

se esperar, muitos católicos também tinham o pensamento de Santo Agostinho como base de suas reflexões, como Michel de Bay (nome latino *Baïus*), que ficou conhecido pelo viés agostiniano de sua concepção de liberdade e graça.

Baïus era professor na Universidade de Louvain, especialista em patrística e hostil à escolástica. Em sua proposta, reduz a liberdade do homem quando este possui graça, de modo que Deus passa a ser a causa de todas as ações, mesmo das ações livres. Por este motivo, foi acusado de negar toda realidade do livre-arbítrio e favorecer o calvinismo, já que, no século XVI, a Igreja concebia o calvinismo como uma doutrina que, ao conceder a graça, restringia a liberdade do homem na sua totalidade. Por esse motivo foi elaborada, depois de uma extensa controvérsia acadêmica,[17] uma lista de 76 proposições na qual o papa Pio V condena o teólogo Baïus. Mais tarde, em 1580, as mesmas proposições são novamente condenadas por Gregório XIII.[18] Se Baïus não apresentou uma reação vigorosa aos reformadores, o catolicismo reagiria com o jesuíta espanhol Luís Molina[19] e seus seguidores, que pensam de maneira totalmente oposta às ideias dos reformadores protestantes e de Baïus.

Molina tornou-se famoso por escrever uma obra chamada *De concordia liberi arbitrii cum divinae gratiae donis* [Acerca da Concordância do Livre-Arbítrio com os Dons da Graça Divina] (1588). Nela afirmava suas principais ideias, como: substituição da graça eficaz por uma graça suficiente, esta, porém, trazendo consigo tudo aquilo que é necessário para fazer o bem; o homem, depois do pecado de Adão, possui em sua natureza o poder de fazer o bem pelo seu livre-arbítrio; não há predestinação, a salvação depende das boas obras humanas.[20] Dessa maneira, as opiniões de católicos e protestantes divergiam radicalmente.

---

[17] Cf. Le Cognet, *Le Jansénisme*. Paris: PUF, 1995, p. 10-11.

[18] Giacomo Martina, *História da Igreja de Lutero a Nossos Dias: A Era do Absolutismo*, vol. II. Trad. Orlando Soares Moreira. São Paulo: Loyola, 1996, p. 200.

[19] Ibidem, p. 200.

[20] Cf. Le Cognet, *Le Jansénisme*, op. cit., p. 13.

"Os reformadores, Lutero, Calvino e outros, tinham posto tanta ênfase na natureza humana desamparadamente pecadora que era inevitável a reação dar-se em sentido oposto."[21] Ou seja, se os protestantes cristãos negavam qualquer possibilidade humana para fazer o bem e agir conforme os mandamentos, Molina, ao contrário, sustentava que o homem poderia, por meio de suas próprias forças, realizar o bem e cumprir os mandamentos. Se em Lutero, Calvino e Baïus vemos uma teologia tendo Deus como centro e causa do bom comportamento humano, assim como de sua salvação, em Molina percebemos uma colocação totalmente contrária. Ele produzia uma teologia centrada no homem, na qual o próprio homem, com suas forças, poderia realizar boas obras e merecer a graça de Deus para a salvação. Essas duas posições, retomam em pleno século XVI as controvérsias entre Agostinho e Pelágio do século V. Porém, o catolicismo molinista, marcado por um humanismo jesuíta, não seria soberano, já que no século XVII apareceu um movimento chamado mais tarde de jansenismo. Mas afinal, o que é jansenismo?

Com expansão especialmente na França, essa doutrina é assim denominada por ter tido como precursor Jansenius, que no dia 23 de outubro de 1636 tornou-se bispo de Ypres. Em 1640, seu livro intitulado *Cornelii Jansenii Episcopi Iprensis Augustinus,* que ficou conhecido como *Augustinus,* foi publicado, desenvolvendo suas principais ideias: eficácia infalível da graça no processo salvífico do homem sem prejudicar a liberdade (graça eficaz); cura da natureza humana e restabelecimento da liberdade pela graça do Cristo Redentor (poder, querer, fazer); necessidade da graça para toda boa obra; o homem será livre para fazer o bem apenas se for permeado por uma graça eficaz concedida por Deus mediante os critérios da própria divindade; gratuidade absoluta da predestinação.[22] Nascido em 1585, o flamengo Corneille Jansen – Jansenius é a versão latina do seu nome[23] –, foi muito cedo estudar em Louvain. Continuou seus estudos em Paris, onde encontrou

---

[21] Alban Krailsheimer, *Pascal*. Lisboa: Publicações Dom Quixote, 1983, p. 21.

[22] Cf. Le Cognet, *Le Jansénisme*, op. cit., p. 32-33.

[23] Adotaremos a versão latina no decorrer do texto.

Comentário do Tradutor

Jean Duvergier de Hauranne, antigo aluno jesuíta, nascido em 1581. Tinham convivido em Louvain de 1600 até 1604, porém, não se conheceram, fato este que mais tarde se realizaria em função da ida dos dois teólogos a Paris para dar continuidade aos respectivos estudos. Nessa ocasião estabeleceram grande amizade e estreita colaboração. Diante do desejo de refletir mais sobre os ensinamentos que receberam, retiraram-se conjuntamente para Camp-de-Prats entre os anos de 1611 e 1616. "Por alguns anos, os dois ficaram juntos na casa que Duvergier possuía perto de Bayonne; foram anos de intenso estudo [...]."[24] Tal estudo seria a base das ideias da polêmica obra de Jansenius, o *Augustinus*, que tinha seu fundamento cravado nos argumentos de Agostinho contra o pelagianismo e "[...] que depois deram ensejo a Jansen de se gabar de ter lido dez vezes as obras de Agostinho e trinta vezes os escritos sobre a graça e sobre o pelagianismo".[25] Portanto, nessa ocasião, Jansenius e Jean Duvergier aplicaram-se a vastas leituras patrísticas e escolásticas, acumulando uma enorme erudição. Nesse período não apresentavam nenhuma preocupação quanto às controvérsias sobre a graça. Em 1616, Jansenius volta para Louvain, onde ingressa na carreira universitária e, em meados de 1619, seu interesse sobre as questões da graça ganha uma importância capital em seus estudos, revelando o que seria, para ele, a essência da herança agostiniana.[26] O historiador Martina ressalta que o jansenismo possui duas características importantes para sua definição: "O jansenismo pode ser considerado, por um lado, como a reação ao laxismo teórico e prático do séc. XVII e, por outro, como a exacerbação das controvérsias sobre a graça, tão vivas nos sécs. XVI e XVII".[27] A crítica ao laxismo moral e à supremacia da graça para toda boa ação são duas ideias que irão nortear os escritos dos seguidores de Jansenius. Em suas descobertas ele verifica que há uma diferença entre a graça de Adão e a de Jesus

---

[24] Giacomo Martina, *História da Igreja de Lutero a Nossos Dias: A Era do Absolutismo*, op. cit., p. 201.
[25] Ibidem, p. 201.
[26] Cf. Le Cognet, *Le Jansénisme*, op. cit, p. 19-20.
[27] Giacomo Martina, *História da Igreja de Lutero a Nossos Dias: A Era do Absolutismo*, op. cit., p. 195.

Cristo, sendo que a graça dada a Adão em seu estado de inocência, são e livre, permitiria ao homem escolher entre o agir bem ou o agir mal, de modo que a graça dada por Jesus Cristo ao homem caído é totalmente diferente, pois trata-se de uma graça libertadora e redentora que se apropria da vontade do homem e a submete à vontade regeneradora de Deus. Tais ideias devem a sua expansão ao seu companheiro de estudo Jean Duvergier, que será conhecido como Saint-Cyran.

Em 1621, Jean Duvergier torna-se abade de Saint-Cyran em Poitous.[28] Passa a ser conhecido como abade de Saint-Cyran, personalidade que se tornaria o diretor espiritual e confessor das freiras que moravam no chamado Convento de Port-Royal-des-Champs. Este mosteiro foi reformado por Jacqueline Arnauld, também conhecida por Mère Angélique. Oriunda de uma família nobre, com 7 anos foi posta nesse convento, que fica em um vale silencioso e solitário, a cinco quilômetros de Versalhes.[29] Aos 11 anos recebe o cargo de abadessa[30], fato este que vai contra as normas canônicas. Quatro anos depois fica gravemente doente e volta para a casa de sua família, mas seu pai obriga a filha a retornar rapidamente para o mosteiro: "A vida de madre Angélica não era evidentemente nem melhor nem pior que de tantas outras mulheres, forçada como fora a seguir a vida religiosa sem nenhuma vocação".[31] Sua "conversão" dar-se-ia em função de um despertar religioso por um monge capuchinho chamado Ange de Pebroke:[32] depois disso ela propõe uma reforma na vida espiritual do mosteiro aos moldes da observância integral da regra cisterciense, ou seja, "[...] vida comum, abstinência, clausura, orações noturnas".[33] Aos 18 anos, o mosteiro estava

---

[28] Cf. Le Cognet, *Le Jansénisme*, op. cit., p. 20.

[29] Cf. Giacomo Martina, *História da Igreja de Lutero a Nossos Dias: A Era do Absolutismo*, op. cit., p. 204.

[30] Ibidem, p. 204.

[31] Ibidem, p. 204.

[32] Cf. Henri Gouhier, *Blaise Pascal: Conversão e Apologética*. Trad. Éricka Marie Itokazu e Homero Santiago. São Paulo: Paulus, 2006, p. 14.

[33] Giacomo Martina, *História da Igreja de Lutero a Nossos Dias: A Era do Absolutismo*, op. cit., p. 204.

sob a direção espiritual de Francisco de Sales, que censurava Mère Angélique, procurando refrear suas intemperanças, mas com a morte deste, a abadessa travava conhecimento com Saint-Cyran, que seria o novo orientador espiritual da abadia e passaria a exercer grande influência na religiosidade das moradoras do convento. Com o aumento da comunidade, o Convento de Port-Royal foi transferido, em 1626, para o subúrbio de Paris, para um mosteiro mais saudável, Port-Royal-Saint-Jacques.[34] Todavia, o antigo mosteiro fora conservado.

A partir de 1638, com a transferência do monastério para Paris, o antigo, localizado perto de Versalhes, passa a ser frequentado por alguns homens ilustres chamados de "solitários". Viviam em uma vida austera de oração, meditação, estudos da sagrada escritura e dos santos padres, assim como de alguns trabalhos manuais como a jardinagem. Podemos dizer que partilhavam de um modo de vida quase monástico. Le Maître, Singlin, M. de Sacy, Antoine Arnauld – irmão mais novo da abadessa Mère Angélique –, Blaise Pascal, são nomes importantes que passaram temporadas nas dependências desse monastério. Tanto no convento de Port-Royal em Paris como no Port-Royal-des-Champs, a espiritualidade agostiniana ortodoxa era praticada como um modo de vida, na qual, pobreza e humildade, juntamente com a fé e esperança na graça de Jesus Cristo, eram cotidianamente vividas pelos moradores. Eram leitores de Santo Agostinho a partir da leitura de Jansenius e, por esse motivo, chamados jansenistas.[35] Apesar da grande influência de Jansenius, não podemos esquecer que a espiritualidade dos mosteiros seguia a austeridade Saint-Cyran.

Por causa de algumas desavenças políticas com o primeiro-ministro, o cardeal Richelieu,[36] Saint-Cyran é preso na Bastilha. Na prisãZo, é visto como

---

[34] Giacomo Martina, *História da Igreja de Lutero a Nossos Dias: A Era do Absolutismo*, op. cit., p. 204.
[35] Cf. Germano Tüchle, *Reforma e Contra Reforma*. Trad. Waldomiro Pires Martins. Rio de Janeiro: Vozes, 1971, p. 224-25.
[36] O cardeal Richelieu foi um dos promotores da monarquia absoluta na França. Ele via o jansenismo como um movimento reacionário à monarquia absoluta, movimento que se estabilizava gradativamente. Quando

mártir por todos que eram adeptos das suas ideias, o chamado partido devoto.[37] Já Jansenius, ao tornar-se bispo de Ypres, termina as quase 1 300 páginas de seu livro *Augustinus*. No entanto, a morte vem ao seu encontro no dia 6 de maio de 1638: morre contaminado pela peste. Em seu testamento, confere à Santa Sé o julgamento de toda sua obra.[38] Jansenius, assim, não pôde assistir em vida à publicação de seu livro, ocorrida em 1640, como vimos, em meio aos protestos jesuítas. Como no *Augustinus* eram afirmadas as teses mais fortes do pensamento agostiniano, diante da difusão da teologia humanista dos molinistas o choque entre as ideias de Molina e Jansenius seria inevitável.

A publicação da obra de Jansenius marca o início das controvérsias sobre a graça. Os jansenistas trazem a discussão para o meio acadêmico. Porém, no dia 6 de maio 1642, o papa Urbano VIII assina a bula *In Eminenti*, na qual condena a obra de Jansenius como uma renovação das heresias de Baïus já condenadas pelo papa Pio V.[39] Nesse mesmo ano, Saint-Cyran foi libertado da Bastilha, em função da morte do cardeal Richelieu. Mas, enfraquecido pelos cinco anos no cárcere, morre dez meses depois, em 11 de outubro de 1643.[40] Antes de sua

---

Saint-Cyran sublinha que o autêntico cristão e eclesiástico não deve participar das questões políticas (cf. Lucien Goldmann, *El Hombre y lo Absoluto*, op. cit., p. 146), tal ideia é interpretada como um voto ao quietismo político. A atitude do cardeal foi encarcerar Saint-Cyran na Bastilha e este só sairia de lá com a morte do cardeal. Sabemos que ao movimento jansenista se uniram figuras da alta aristocracia, membros dos tribunais soberanos e advogados que não gostavam da política da monarquia absoluta. Estes personagens formaram um bloco forte contra a monarquia. Interessante é que, isolados depois da Fronda, as guerras civis na França, tais personagens foram reunidos e ganharam coesão com o jansenismo. Alguns parlamentares chegaram a sustentar que, se fosse preciso, estavam dispostos a ir contra o rei para o benefício do jansenismo. Esta construção que revela a força do movimento jansenista em seu viés materialista-político é realizada por Lucien Goldmann. Para mais informações ver Ibidem, p. 133-183.

[37] Cf. Le Cognet, *Le Jansénisme*, op. cit., p. 29. Sobre o título de mártir outorgado a Saint-Cyran pelo povo, ver Giacomo Martina, *História da Igreja de Lutero a Nossos Dias: A Era do Absolutismo*, op. cit., p. 202.

[38] Cf. Ibidem, p. 201.

[39] Cf. Ibidem, p. 36.

[40] Cf. Ibidem, p. 41.

morte, ainda na prisão, teve contato com a obra do amigo Jansenius, entregando-a a Antoine Arnauld, seu discípulo.

Arnauld foi ordenado padre e doutor na Sorbonne em 19 de dezembro de 1641. Com a morte de Saint-Cyran, assume a batalha na defesa da graça eficaz e da predestinação, compondo em 1643 a chamada *Apologia a Jansenius* e, em agosto do mesmo ano, um livro intitulado *De la Frequente Communion*. "Antoine Arnauld (1612-1694) foi o maior colaborador e continuador de Saint-Cyran [...]."[41] Nesse momento surgiria umas das disputas mais violentas com os jesuítas molinistas. Arnauld acusava os jesuítas de priorizar o homem como centro da possibilidade salvífica, ou seja, como causa primeira da própria salvação, e não a Deus. Acusava-os também de promover o laxismo na teologia moral. Mas o que seria o laxismo moral?

Uma das conquistas do século XVI é a reflexão sobre os princípios que legitimariam a ação, transformando a dúvida especulativa em certeza prática. Com o desenvolvimento do probabilismo por Vitória e Medina na escola de Salamanca, sustentava-se o princípio que não se pode impor uma obrigação de cuja existência não se tem certeza. Tal desenvolvimento, de modo especial no século XVII, levou alguns escritores a não se ater aos grandes princípios do probabilismo, mas às aplicações particulares e contextuais, nascendo a casuística, na qual a ação é legitimada pela aplicação de princípios que variam em cada caso específico.[42] A casuística era praticada pelos jesuítas franceses e criticada pelos jansenistas como uma forma de legitimar ações bizarras. Dessa maneira, inicia-se em 1649 a polêmica das chamadas "cinco proposições" que os jesuítas afirmavam estar presentes no *Augustinus* de Jansenius.

As cinco proposições são compostas por cinco teses consideradas heréticas, sendo a última considerada falsa. Na verdade, foram levantadas sete

---

[41] Giacomo Martina, *História da Igreja de Lutero a Nossos Dias: A Era do Absolutismo*, op. cit., p. 203.
[42] Cf. Ibidem, p. 197-98.

proposições por Nicolas Cornet, sendo que duas não foram para julgamento, pois foram reconhecidas como verdadeiras. Mas quais são as cinco proposições condenadas pelo papa Inocêncio X?

> 1ª Os mandamentos são impossíveis aos justos que querem, com sua força presente, cumpri-los: lhes falta a graça pela qual poderiam cumprir os mandamentos.[43]
>
> 2ª Com a Queda de Adão, não reside mais no homem a graça interior.[44]
>
> 3ª Para merecer e desmerecer no estado de natureza decaída, não é necessário que haja no homem uma liberdade que esteja isenta de necessidade: basta que haja uma liberdade isenta de constrangimento.[45]
>
> 4ª Os semipelagianos admitem a necessidade de uma graça interior ao homem para cada ação e para o surgimento da fé, no entanto, sua heresia é que a vontade do homem podia resistir a esta graça ou usá-la como quiser.[46]
>
> 5ª É um sentimento semipelagiano e herege dizer que Jesus Cristo está morto e derramou seu sangue por todos os homens sem exceção.[47]

Estas cinco proposições,[48] dizia Arnauld, eram obscuras e teriam que ser explicadas e bem entendidas no seu sentido ortodoxo. Mas, depois de quatro anos

---

[43] Cf. Le Cognet, *Le Jansénisme*, op. cit., p. 50.

[44] Cf. Ibidem, p. 50.

[45] Cf. Ibidem, p. 50-51.

[46] Cf. Ibidem, p. 51.

[47] Cf. Ibidem, p. 51.

[48] "As cinco proposições continham o seguinte: 1ª Alguns preceitos de Deus, nem os justos podem cumpri-los com suas forças disponíveis, ainda que queiram e tentem fazê-lo. Falta-lhes a graça, pela qual a observância seria possível. 2ª No estado da natureza decaída, o homem nunca pode resistir à graça interna. 3ª No estado da natureza decaída, não se requer no homem a isenção da necessidade intrínseca, basta-lhe a isenção de coação extrínseca. 4ª Os semipelagianos admitiam a necessidade da graça preveniente intrínseca para todo ato humano, inclusive para o início da fé. Incorriam em heresia, por ensinarem que essa graça era de tal feitio que a vontade humana podia segui-la ou resistir-lhe. 5ª É semipelagianismo afirmar

Comentário do Tradutor

do envio a Roma das cinco proposições, o papa Inocêncio X as condenou como heréticas, pois negam o livre-arbítrio e só admitem ser de Deus a vontade restrita de salvar. Tal condenação foi assinada no dia 31 de maio de 1653 pela bula *Cum Occasione*.[49] "Elas foram condenadas separadamente: as quatro primeiras eram declaradas heréticas e a última falsa."[50] Inicialmente o teólogo dizia que somente a primeira proposição poderia ser encontrada no *Augustinus*.[51] Mais tarde relata não encontrar – depois de ler atentamente a obra de Jansenius – nenhuma das cinco proposições condenadas por Roma, estabelecendo uma distinção peculiar de um espírito jurista: a questão do direito e do fato.

A Igreja é infalível, ela não erra em matéria de fé, sendo esta a questão de direito; no entanto, Arnauld, ao dizer que as cinco proposições não se encontram no *Augustinus*, sustentava que na análise do fato, ou seja, na leitura e análise dos textos – *Cinco proposições e Augustinus* –, não há nenhum fato objetivo que poderia incriminar Jansenius. A infalibilidade da Igreja atuava em questões de direito, mas não de fato, sendo assim, o carisma da Igreja só seria válido nas questões de fé.[52]

Entretanto, no dia 15 de fevereiro de 1655, Arnauld foi excluído e afastado da Sorbonne, pois Roma condenava as chamadas cinco proposições, embora hesitasse em atribuí-las a Jansenius. Mas antes de sua condenação definitiva e diante da difícil situação, Arnauld recorre a um físico recém convertido que, no momento, encontrava-se no monastério de Port-Royal-des-Champs. Seu nome era Blaise Pascal. Este inicia a produção de algumas cartas que levam

---

que Cristo morreu pura e simplesmente por todos os homens, ou que derramou seu sangue por todos eles.". (Germano Tüchle, *Reforma e Contra Reforma*. Trad. Waldomiro Pires Martins. Rio de Janeiro: Vozes, 1971, p. 226-227). Diante da obscuridade do sentido de tais proposições, citamos literalmente outra fonte histórica para que ajude ao leitor na compreensão delas, condenadas mais tarde pela Igreja Católica.

[49] Cf. Germano Tüchle, *Reforma e Contra Reforma*, op. cit., p. 227.
[50] Le Cognet, *Le Jansénisme*, op. cit., p. 61.
[51] Cf. Ibidem, p. 64.
[52] Cf. Guido Zagheni, *A Idade Moderna: Curso de História da Igreja – III*. Trad. José Maria de Almeida. São Paulo: Paulus, 1999, p. 291.

a polêmica ao público parisiense. As *Lettres Provinciales* escritas por Pascal ironizam os jesuítas e esclarecem aos círculos mundanos as controvérsias sobre a graça. As 18 cartas publicadas iniciam-se em 23 de janeiro de 1656 e encerram-se em 24 de março de 1657.[53]

Nesse mesmo ano, as cinco proposições são condenadas pelo papa recentemente eleito, Alexandre VII, na bula *Ad Sacram*. Nela o pontífice afirma que as cinco proposições estão no *Augustinus*.[54] Em 1661, exige-se a assinatura de um formulário no qual os jansenistas atestariam a presença das cinco proposições heréticas na obra de Jansenius. Em seguida os jansenistas emitem em 8 de junho desse mesmo ano um termo[55] no qual Arnauld aceita a assinatura do formulário, todavia, com a distinção do direto e do fato.[56] Assim, a contragosto, as religiosas de Port-Royal assinam o formulário com uma cláusula explicativa. Esse acontecimento causa violenta oposição no grupo antijansenista, que o condena e alerta que as assinaturas não podem ter cláusulas. Tal exortação foi inócua: novamente as religiosas assinam com uma cláusula anexada na qual há uma distinção de direito e de fato.

O jansenismo continuou vivo até o século XVIII, mas a bula *Unigenitus Dei Filius*, assinada por Inocêncio XI em 8 de setembro de 1713, condena 101 proposições retiradas da obra *Réflexions Morales* de Quesnel, teólogo acusado de fazer ressurgir a doutrina jansenista.

---

[53] Ver Blaise Pascal, *Les Provinciales*. Paris: Aux Éditions du Seuil, 1963, p. 371-382. In: Idem, *Oeuvres Complètes*. Edição de Louis Lafuma. Paris: Seuil, 1963, p. 371-469. Nas três primeiras *Provinciais*, Pascal esclarece de maneira simples e muitas vezes irônica as fronteiras entre molinistas e jansenistas. Delimitando aquilo que cabe a cada grupo, ele tira consequências da doutrina Molinista com o intuito de denegrir tal movimento. O caráter obscuro e equívoco que Pascal quer ressaltar revela contradições entre os próprios molinistas. Na terceira *Provincial*, o protesto em função da condenação de Antoine Arnauld é matizado fortemente. Sustentando que não há diferença entre aquilo que defende Arnauld e o bispo de Hipona, a conclusão seria óbvia: condenar Arnauld é condenar Santo Agostinho.

[54] Cf. Le Cognet, *Le Jansénisme*, op. cit., p. 73.

[55] Cf. Ibidem, p.77.

[56] Cf. Ibidem, p.77.

Findando este breve ensaio histórico, é mister ainda mencionar, na voz de Lucien Goldmann, quatro características gerais que marcam o jansenismo, movimento este que por mais de um século foi objeto de discussão, de maneira especial na França: suportar, mesmo a contragosto, o mal e a mentira do mundo; lutar pela verdade e pelo bem; confessar o bem e a verdade em um mundo radicalmente mau; calar-se diante de um mundo que nem sequer pode ouvir a palavra do cristão. Nestes quatro pontos há uma característica comum: condenar o mundo sem nele depositar nenhuma esperança histórica,[57] já que todo bem e toda esperança estão na graça que Deus concede aos predestinados. Guardemos, por fim, que o pessimismo agostiniano de viés jansenista sabe que não devemos confiar na humanidade, sendo que o primeiro ato de desconfiança deve voltar-se para nós mesmos, pois a vaidade habita a alma de cada homem.

JANSENIUS: UM DETECTOR DE VAIDADES

Jansenius foi um fiel discípulo da espiritualidade agostiniana. Em seu *Discours de la Réformation de l'Homme Intérieur* mostra as armadilhas da vaidade, isto é, tudo aquilo que é vão, efêmero e, por conseguinte, pecaminoso. Na introdução do texto é citada uma passagem da Primeira Epístola de São João, capítulo 2: "Não há nada no mundo senão concupiscência da carne, concupiscência dos olhos e orgulho da vida".[58] É esta vaidade que se apresenta como concupiscência – desejo irresistível em direção ao mal – que Jansenius deseja detectar. Assim, além de organizar seu texto a partir dessas três etapas do pecado, o bispo de Ypres narra como a concupiscência[59]

---

[57] Cf. Lucien Goldmann, *El Hombre y lo Absoluto*, op. cit., p. 186-87.

[58] Cornelius Jansenius, *Discours de la Réformation de l'Homme Intérieur*, p. 1.

[59] A Vulgata traz (1Jo 2,16): 1. concupiscentia carnis; 2. concupiscentia oculorum; 3. superbia uitae. Esta última, "orgulho da vida", aparece em outros manuscritos como *iactantia diuitiarum*, "jactância das riquezas". Em grego tem-se: 1. ἡ ἐπιθυμία τῆς σαρκός; 2. ἡ ἐπιθυμία τῶν ὀφθαλμῶν; 3. ἡ ἀλαζονεία τοῦ βίου, "jactância" ou "orgulho da vida". Vale notar que o termo grego ἐπιθυμία não foi traduzido por *libido*, e sim por *concupiscentia*.

age na criatura corrompida, estruturando uma lógica do pecado. O homem, sendo um ser de corpo e alma, no corpo é afetado pelo prazer que se difunde nos cinco sentidos, e na alma apresenta uma divisão: o espírito, de onde provém a curiosidade, e vontade, de onde provém o orgulho. Ciente das três partes que compõem o homem (corpo, espírito e vontade), Jansenius propõe uma reforma espiritual da criatura, travando uma luta heroica com o mal constatado, aquele que foi capaz de envenenar a vontade depois da queda de Adão. Este breve comentário buscará entender como a concupiscência funciona no homem decaído, já que só assim poderá indicar como a arte da direção espiritual esclarece ao orientando o estado em que ele se encontra. O objetivo é conhecer como o pecado organiza-se no coração humano, quais são as chamadas três ordens de concupiscências que se apresentam no pensamento de Jansenius, a saber: primeiro a concupiscência da carne, depois a concupiscência dos olhos e, por fim, o orgulho da vida.

A concupiscência da carne

A primeira concupiscência é a da carne: "A concupiscência da carne é a primeira inimiga com que nos deparamos para combater desde que entramos na via desta reforma espiritual".[60] O nome dado a essa primeira parte do texto é "Volúpia da Carne", ou seja, um desejo agudo de prazer pela sensação. Assim como há uma ordem pela qual o pecado se organiza, também há uma ordem de combate ao mal. Essa luta contra o mal é chamada de reforma espiritual. Jansenius inicia a batalha apresentando a primeira inimiga e, imediatamente, o meio de combatê-la: a temperança.[61] Vejamos as definições de concupiscência da carne e temperança.

"Ela é chamada de *concupiscência*, ou *o desejo da carne*, porque o prazer, em direção ao qual ela se eleva com violência, sentimos na carne,

---

[60] Cornelius Jansenius, *Discours de la Réformation de l'Homme Intérieur,* p. 35-36.

[61] Cf. Ibidem, p. 36.

entrando tanto pelos cinco sentidos quanto pelos poros."[62] Concupiscência e desejo são dois conceitos que se equivalem, como vemos na citação acima. Os sentidos passam a sentir prazer em si mesmos, fazendo de si a causa final do próprio desejo, excluindo a Deus. Antes da queda adâmica o desejo estava vinculado ao prazer de agradar a Deus, ou seja, realizar ações prazerosas dentro da medida estabelecida por Deus em seu ato criador, como comer, beber, dormir. Podemos dizer que o prazer dos sentidos era direcionado ao Criador quando a ação do homem tinha como fim cumprir as necessidades vitais que permitiam preservar a si mesmo como ser criado por Deus. Mas depois da queda a desmedida do desejo avança pelos cinco sentidos. A concupiscência da carne torna-se volúpia enquanto prazer pelos sentidos nas coisas sensíveis. Os prazeres são difundidos nas coisas exteriores e mais baixas:[63] este prazer se diz "baixo" em relação àquele prazer celeste que o abandonou,[64] isto é, Deus como supremo objeto de contemplação. É na tentativa de recompensar o prazer sentido na contemplação de Deus que o homem se engaja na busca de outros prazeres mais baixos.

Sabemos que tais prazeres estão ligados ao corpo, ou seja, às necessidades vitais que nos obrigam a usar da volúpia para a conservação do corpo e da vida.[65] No entanto, a volúpia – prazer nos sentidos corporais – deveria ser usada para atender as necessidades da natureza e não a desmedida da concupiscência.[66] O problema está em saber os limites entre a necessidade e o prazer, já que a extensão do prazer é muito maior que a da necessidade.[67] A concupiscência impele o homem a realizar o prazer desmedido, mas revestindo-o

---

[62] Cornelius Jansenius, *Discours de la Réformation de l'Homme Intérieur*, p. 36-37.
[63] Cf. Ibidem, p. 37.
[64] Ibidem, p. 37.
[65] Cf. Ibidem, p. 42.
[66] Cf. Ibidem, p. 41-42.
[67] Cf. Ibidem, p. 43.

com a máscara da necessidade.⁶⁸ Eis a armadilha da concupiscência que deveria ser constatada pela temperança. Esta pode ser definida como o ato racional capaz de discernir a paixão pelo prazer daquilo que é necessidade da natureza. O homem temperante só realizaria os desejos da carne enquanto necessidade da natureza, isto é, necessidades para manter-se vivo e conservar-se como criatura de Deus. Mas as paixões instigam no espírito racional nuvens que impedem "de reconhecer se é a necessidade ou o prazer que nos faz agir".⁶⁹ Jansenius nos oferece um exemplo do cotidiano. Uma religiosa, plena de devoção, ver-se-ia comovida ao escutar um salmo. No entanto, a dificuldade está em saber o que é objeto de seu amor: "Se é a piedade que ama o sentido das palavras ou se é a paixão do ouvido que ama somente o som".⁷⁰ Eis um elemento capital que mostra como a concupiscência e a temperança travam um combate. Não é permitido, pela "regra verdadeira da virtude cristã",⁷¹ escutar um salmo pelo simples prazer do som, de modo que a musicalidade do salmo tem como objetivo mover a piedade pelos sentidos das palavras. Se a religiosa fica comovida pelo simples prazer de escutar a musicalidade do salmo, então é a concupiscência pelo prazer de escutar o som que comove, mas tal concupiscência apresenta-se disfarçada de comoção piedosa. Eis a armadilha: a concupiscência da carne se disfarça de piedade, fazendo a religiosa pensar ser piedosa. Na verdade, a comoção da religiosa é movida pela concupiscência da carne, esta que se manifesta no prazer sentido pela porta da audição.

Em suma, quanto à concupiscência da carne, poderíamos dizer que: a) é a primeira inimiga a combater; b) é volúpia enquanto prazer pelos sentidos nas coisas sensíveis; c) as necessidades vitais nos obrigam a usar da volúpia para a conservação do corpo e da vida: comer beber, dormir, comunicar-se, etc.; d) a temperança é o

---

[68] Cf. Cornelius Jansenius, *Discours de la Réformation de l'Homme Intérieur*, p. 44.
[69] Ibidem, p. 46.
[70] Ibidem, p. 46.
[71] Ibidem, p. 46-47.

meio de combater a concupiscência da carne; e) a temperança é o ato da razão que discerne a concupiscência da carne, ou volúpia como paixão pelo prazer corporal, e as necessidades da natureza, mas, depois da queda, paira sobre o espírito da criatura uma nuvem que impede esse discernimento; f) o homem temperante seria aquele que usa da volúpia só para a conservação do corpo e da vida; g) a extensão do prazer é muito maior do que da necessidade, o que dificulta traçar os limites entre concupiscência e necessidade; h) o homem, depois da queda, transforma a concupiscência da carne em necessidade, ou seja, transforma o prazer, que é de maior extensão, em necessidade, que efetivamente tem menor extensão; i) Jansenius oferece ao diretor espiritual uma descrição das armadilhas da concupiscência da carne para a aplicação ao dirigido.

Porém, ao vencer esta primeira etapa, o homem precisará desafiar outra concupiscência que é chamada de "curiosidade"[72] ou concupiscência dos olhos.

Ao vencer a volúpia da carne, o cristão é afetado por outra ainda mais enganosa:[73] "É a esta curiosidade sempre inquieta, que foi chamada por este nome devido ao vão desejo que ela tem de saber, que dissimulamos com o nome de *ciência*".[74]. Esse desejo de ciência manifesta-se nas pequenas coisas e, por conseguinte, nas grandes, todavia, é um sintoma de uma mesma doença:[75] a concupiscência dos olhos, que consiste em um desejo obsessivo de conhecer. Esse nome lhe é dado porque a visão é o sentido mais excelente para aquele que se propõe a conhecer. A visão é capaz de discernir um número de detalhes substanciais de um dado objeto, assim, é o sentido que mais se aproxima da razão, do *logos*, do espírito. Podemos dizer que a razão é o olho do espírito. A sede da ciência é o espírito e nele "a curiosidade engana por mil formas de ilusões".[76]

---

[72] Cornelius Jansenius, *Discours de la Réformation de l'Homme Intérieur*, p. 54.
[73] Cf. Ibidem, p. 54.
[74] Ibidem, p. 55.
[75] Ibidem, p. 61.
[76] Ibidem, p. 55.

Além de produzir o engano no próprio espírito, o faz também nos sentidos, produzindo inúmeras imagens fantasiosas. No entanto, há uma característica fundamental entre concupiscência da carne e dos olhos: a primeira só tem por fim as coisas agradáveis, já a segunda encaminha-se na direção das coisas que não são agradáveis, "comprazendo-se em procurar, experimentar e conhecer tudo aquilo que ignora".[77] Dito de outro modo, o prazer de conhecer não está vinculado ao objeto investigado, pois este é desconhecido e não se sabe se o conhecimento do objeto concederá prazer ou não. O prazer pelo simples prazer de conhecer torna-se a finalidade do espírito. O homem busca conhecer para sentir prazer em seu espírito e não pelo desejo verdadeiro de conhecer, por esse motivo Jansenius sustenta que o motor do ato de conhecer é a concupiscência dos olhos. A curiosidade se mostra até nas coisas sagradas, entre aqueles que buscam descobrir os mistérios que se apresentam sob o véu da religião.[78] O pretexto da investigação é a piedade, o encontro com os mistérios divinos, mas é a concupiscência dos olhos o seu motor. Também o desejo de saber tudo o que acontece dentro e fora de nosso país, como os homens que possuem um cargo público e solicitam informações de tudo o que acontece na terra e além do mar, é visto como curiosidade supérflua pela regra cristã.[79]

Na vida cristã o saber não deve ser transformado em uma supérflua curiosidade, mas devemos nos servir do espírito para aquilo de que necessitamos e fugir daquilo que não precisamos saber. Poderíamos dizer que há uma temperança do espírito em Jansenius que poderia auxiliar o homem a não ultrapassar os limites desta paixão inquieta que é o desejo de conhecer, o que permitiria à criatura se elevar para contemplar a beleza da verdade eterna. No entanto, o desejo de conhecer que "ataca-nos e leva-nos para baixo, parecendo nos dizer: aonde vais, estando cobertos de tarefas e tão indignos de vos aproximar de

---

[77] Cornelius Jansenius, *Discours de la Réformation de l'Homme Intérieur*, p. 57.
[78] Cf. Ibidem, p. 61.
[79] Cf. Ibidem, p. 64.

Comentário do Tradutor

Deus?",[80] distancia o homem de Deus e o faz indigno de se aproximar dele.[81] Enfim, é esse atrativo irresistível, ou deleite, movido pelo vão desejo de saber, que coloca a ciência humana acima de Deus e, nesse movimento, repete-se o pecado de autossuficiência de Adão.

Portanto, acerca da concupiscência dos olhos podemos dizer que: a) trata-se de uma curiosidade inquieta e vã pelo desejo de saber aquilo que não é necessário pelo simples prazer de deleitar-se no próprio espírito; b) é um movimento do espírito concebido por Jansenius como vaidade; c) é uma forma de deleite que, em vez de elevar o homem a Deus, o reenvia em direção ao mundo; c) a criatura, que deveria usar o espírito somente para aquilo que é necessário, usa deste mesmo espírito para conhecer o que é vão; d) a autossuficiência da razão coloca Deus em segundo plano, repetindo a mecânica da queda.

Depois de traçar estes dois primeiros estágios de concupiscência, um último ainda apresenta-se: o "orgulho"[82] ou o orgulho da vida.

Superando as duas paixões precedentes, o bispo de Ypres, seguindo as exortações do apóstolo São Paulo, atesta que tal vitória faz nascer uma terceira paixão que é denominada orgulho da vida, "que é mais enganosa e mais temível que todas as outras".[83] O surgimento desse orgulho dar-se-ia no instante mesmo em que o homem rejubila-se com a vitória frente às duas primeiras concupiscências. Assim, Jansenius concede a palavra ao próprio orgulho que diz ao homem: "Por que triunfas? Eu vivo ainda, e vivo porque tu triunfas".[84] O homem, ao alegrar-se com sua vitória antes do tempo, engana-se ao pensar ter o triunfo definitivo, já "que não há nada que possa dissipar suas últimas sombras senão a luz do dia da eternidade".[85] Para Jansenius, somente a graça

---

[80] Cf. Cornelius Jansenius, *Discours de la Réformation de l'Homme Intérieur*, p. 65-66.

[81] Cf. Ibidem, p. 66.

[82] Ibidem, p. 67.

[83] Ibidem, p. 67.

[84] Ibidem, p. 68.

[85] Ibidem, p. 68.

sobrenatural pode fazer o homem triunfar em Deus. Triunfar em Deus é receber a graça por pura misericórdia e sem mérito, cooperando com ela. Dessa maneira, o autor, na esteira de Santo Agostinho, citando os seus *Comentários aos Salmos*, assinala que o vício do orgulho, que foi o primeiro a vencer a alma, continua na alma e, por esse motivo, o primeiro vício que ocasionou a queda e o distanciamento de Deus do homem será o último a ser vencido.[86] Em suma, o primeiro vício foi causa de todos os outros, portanto, sendo o orgulho a causa, ele será o último a ser aniquilado.

O orgulho caracteriza-se por um desejo de independência gravado no fundo da alma e que corrompe a vontade. Esta se compraz de ser para si e não se submeter a nenhum outro, nem mesmo a Deus. O orgulho é a particularização de si mesmo como bem desligado de Deus. Essa inclinação para o orgulho é que impede o homem de cumprir os mandamentos. O pecado do homem foi de não manter o controle sobre si mesmo antes da queda, ou seja, Deus exige que a criatura não cometa um único crime, mas foi justamente este crime que fora cometido. Com este delito, o homem prefere a própria vontade no lugar da vontade de Deus, vivendo a partir dessa regra.

Deus estabelece uma nova regra, na qual o homem deve destituir-se de sua vontade corrompida e obedecer as leis de Deus, que funcionam como guia moral, mas para cumprir tal feito, como assinalamos acima, a criatura precisa da graça. "Assim, à medida que nossa vontade própria diminui pelo progresso que fazemos dentro da virtude, antes desejamos depender de um outro ser, em vez de sermos mestres de nós mesmos, e desejamos ser antes governados pela verdade e pela vontade de Deus, em vez de o sermos por nosso próprio poder."[87] Trata-se de desarticular a vontade da nova lógica que se estabelece depois da queda, na qual ela é senhora de si e rebelde em relação àquela de seu

---

[86] Cf. Cornelius Jansenius, *Discours de la Réformation de l'Homme Intérieur*, p. 69-70.
[87] Cf. Ibidem, p. 74.

Criador. Tal lógica pode ser detectada na vida dos santos que não se rejubilam com a própria potência, mas alegram-se com aquela que Deus lhes concede. Todavia, a ferida do pecado não pode ser fechada totalmente, a não ser por um milagre extraordinário.[88] Salvo o milagre, o homem sempre estará em pecado, justamente para que o orgulho de não pecar o faça cair novamente no orgulho. A permanência no pecado tem sua utilidade medicamentosa, pois "do mesmo modo que os médicos expulsam o veneno por outros venenos, o pecado do orgulho não se cura senão por outros pecados".[89] É o próprio pecado que impede o homem de se gabar de sua santidade e fazer de si mesmo independente de Deus. É por esse motivo que o próprio Criador deixa a criatura em pecado para que o pecado não triunfe. Jansenius destaca que o mais elevado dos Apóstolos pediu a Deus que lhe retirasse um espinho da carne, mas o mesmo lhe fora deixado como prevenção até a morte.[90]

Em suma, quanto ao orgulho da vida poderíamos dizer que: a) vencendo as duas primeiras concupiscências, virá uma terceira ainda mais temível denominada orgulho da vida; b) esta concupiscência é a última a ser vencida porque foi o primeiro vício que proporcionou todos os outros; c) o orgulho é a particularização de si mesmo como bem desligado de Deus; d) o orgulho impede de cumprir os mandamentos; e) o ato de cumprir os mandamentos só é possível pela graça; f) Deus deixa o homem em pecado como prevenção ao orgulho, como os médicos usam de outros venenos para eliminar o veneno do corpo de um paciente.

Portanto, este é o manual das armadilhas da vaidade que Jansenius oferece aos diretores espirituais de Port-Royal, ou seja, uma máquina de detectar os males que se apresentam nas três ordens de pecado que vimos acima. Este texto terá seus ecos nos *Pensées* de Pascal: "Concupiscência da carne,

---

[88] Cf. Cornelius Jansenius, *Discours de la Réformation de l'Homme Intérieur*, p. 76.
[89] Cf. Ibidem, p. 96-97.
[90] Cf. Ibidem, p. 97.

concupiscência dos olhos, orgulho, etc.".[91] Entrego o texto traduzido para o leitor, de modo que Jansenius, em seu *Discurso da Reforma do Homem Interior*, faça brotar a contemplação da verdade da condição humana depois da queda: a vaidade.

---

[91] Blaise Pascal, *Pensées*, Laf. 933, Bru. 460; Laf. 308, Bru. 793; Laf. 545, Bru. 458. No entanto, em Pascal, vale assinalar que tais ordens não se tratam de ordens de pecado, mas de *três ordens de coisas*. (Cf. Idem, Laf. 511, Bru. 2). Desta maneira, não se trata da ordem do pensamento, como vemos na terceira regra das *Meditações Metafísicas* de Descartes, nem três ordens de pecado, como Jansenius, que segue na esteira de Santo Agostinho, este último tendo como base a Primeira Epístola de São João. Portanto, é preciso saber como Pascal irá rearticular a leitura das suas fontes e compor os fragmentos 308 e 933.

DISCOURS
DE LA
REFORMATION
DE
L'HOMME INTERIEUR.

PAR UN S. EVESQUE.

Il n'y a rien dans le monde que Concupiscence de la Chair, Concupiscence des Yeux, & Orgueil de la Vie. De l'Ep. I. de S. Jean Chap. 2.

DISCURSO
DA
REFORMA
DO
HOMEM INTERIOR

Não há nada no mundo senão concupiscência da carne, concupiscência dos olhos e orgulho da vida. Da Primeira Epístola de São João, capítulo 2.

AVIS AU LECTEUR.

LE discours du renouvellement de l'homme intérieur, est un excellent abregé de ce qu'on trouve de plus beau dans S. Augustin sur les trois concupiscences. Des personnes éclairées se plaignant qu'on a peine à le trouver depuis long-tems, on a cru faire plaisir au public de le réimprimer.

On y a joint quelques extraits de deux célébres Solitaires, sur l'obligation de s'affliger des maux de l'Eglise & de prier pour elle. Les Saints nous assurent qu'on n'a de foi qu'autant qu'on aime l'Eglise; qu'on est sensible à ses pertes & à ses gains; qu'on est touché des scandales qui la défigurent, & des affoiblissements qu'elle éprouve par l'obscurcissement de la vérité ou la corruption des mœurs.

M. Hamon, dont on a différents Ouvrages de piété fort édifiants & fort répandus, étoit très-pénétré de ces

AVIS AU LECTEUR.

sentiments; les endroits que l'on en cite sont d'Ouvrages moins communs, mais ils méritent d'être méditez. On y joint deux autres extraits de D. le Nain de la Trape, autre Solitaire, aussi zélé pour mépriser les mêmes sentiments, comme on le peut voir dans ses Homélies sur le Prophête Jeremie. On s'estimeroit heureux de pouvoir engager par-là les Lecteurs à se faire un devoir de donner tous les jours quelques moments pour entrer dans les dispositions & faire les prieres dont le S. Esprit a dicté de si parfaits modéles en différens endroits de l'Ecriture, tels que sont les *Ps.* 73. 78. 79. *Is.* 63. v. 15. *Jer.* dans ses Lament. *Bar.* c. 9. *Eccles.* c. 36. depuis le 1. v. jusqu'au 20.

Aviso ao leitor

discurso da renovação do homem interior é um excelente resumo daquilo que encontramos de mais belo em Santo Agostinho sobre as três concupiscências. Pessoas esclarecidas lastimam a dificuldade que há tempo se tem para encontrá-lo; por este motivo, acreditamos agradar ao público ao reimprimi-lo.

A ele juntei alguns trechos de dois célebres solitários[1] sobre a obrigação de afligir-se com os males da Igreja e de rezar por ela.[2] Os Santos nos asseguram que só temos fé na proporção em que amamos a Igreja, somos sensíveis às suas perdas e ganhos, somos tocados pelos escândalos que a desfiguram e pelos abrandamentos que ela suporta ou pelo obscurecimento da verdade ou pela corrupção dos costumes.

O Sr. Hamon, que tem inúmeras obras de piedade bastante edificantes e difundidas, era muito imbuído destes sentimentos;[3] os pontos que dele são citados são de obras não tão comuns, mas que merecem ser meditadas. Juntamos a estas obras outros dois textos de D. le Nain de la Trapa, outro Solitário, tão zeloso pelo desprezo dos mesmos sentimentos,[4] como podemos ver nas suas Homilias sobre o profeta Jeremias. Estimamo-nos felizes em podermos, por este texto, engajar os leitores para fazer cumprir o dever de darmos, todos os dias, alguns momentos para entrar na preparação e fazer as preces, as quais o Espírito Santo ditou para modelos tão perfeitos, em diferentes lugares da Escritura, tais como o são os Salmos 73, 78, 79; Isaías 63, 15; Jeremias em suas Lamentações, Baruc 9; Eclesiastes 36 do versículo 1 até o 20.

AVANT-PROPOS.

C'Est un ordre de la Nature & de la Providence divine, que tout ce qui est sujet à leurs loix, & renfermé dans leurs bornes, retourne à son origine, par un mouvement perpétuel. De-là vient que tout ce qui naît de la terre, se va rejoindre à la terre, d'où il a été tiré; que tous les fleuves rentrent dans la mer d'où ils sont sortis; & que tout ce qui est composé des élémens se résout en ces mêmes élemens. Et cet ordre est établi par une loi si immuable & si universelle, que l'on en voit même quelques marques & quelques traits en la corruption des choses dans laquelle elles perdent leurs premieres qualitez, & sortent de leur état naturel.

Car c'est de-là que vient ce grand poids qui entraîne toutes les créatures à la destruction de leur être, & qui les feroit tomber dans l'abîme du néant, si elles n'étoient soûtenuës de la parole qui soûtient tout l'Univers. Et cette inclination générale est comme un trait marqué de la main de la Nature, qui fait voir à tous ceux qui ont les yeux assez bons pour le reconnoître, quelle est l'origine de toutes les choses créées.

C'est ce qui a fait que les Anges, & le premier homme, ne sont pas demeurez dans le comble de la gloire où Dieu les avoit mis au commencement; mais s'étants trouvez comme dans un païs étranger, ils ont quitté Dieu, & sont tombez en bas, ainsi que dans leur patrie naturelle, & fussent passez jusques au néant, si Dieu ne les eût soûtenus dans leur chûte, par une

Prefácio

É uma ordem da natureza e da providência divina que tudo aquilo que está sujeito às suas leis e contido nos seus limites retorna à sua origem por um movimento perpétuo. Disto provém que tudo aquilo que nasce da terra vai juntar-se à terra, de onde foi tirado, que todos os rios voltam para o mar de onde saíram e que tudo aquilo que é composto dos elementos retorna para estes mesmos elementos. E esta ordem foi estabelecida por uma lei tão imutável e tão universal que, através dela, vemos algumas marcas e alguns traços da corrupção das coisas pela qual elas perdem suas primeiras qualidades e saem de seu estado natural.

É disto[5] que provém este grande peso que arrasta todas as criaturas à destruição de seu ser e que as faria cair no abismo de seu nada se não fossem sustentadas pela palavra que sustenta todo o universo. E esta inclinação geral é como um traço impresso na mão da natureza, fazendo com que todos aqueles que têm bons olhos vejam o suficiente para reconhecer qual é a origem de todas as coisas criadas.

Foi esta corrupção que fez com que os anjos e o primeiro homem não continuassem na plenitude da glória onde Deus os tinha colocado inicialmente, porém, como se estivessem em um país estranho, abandonaram a Deus e sua

Discurso da Reforma do Homem Interior

bonté toute-puissante.

Après cela devons-nous nous étonner qu'il n'y ait point de République si sage dans sa police, ni si affermie dans sa puissance, dont la vigueur ne se relâche par la révolution des siécles; ni d'ordre Religieux de qui la régle soit établie avec tant de pureté, gardée avec tant de soin, & confirmée par une observance si étroite, que les esprits venant à se refroidir, l'austérité qui lui est si salutaire ne commence à se relâcher; & qu'en

suite la corruption s'augmentant toûjours peu-à-peu, à mesure que les mauvaises coûtumes croissent, il ne tombe dans le premier desordre du commun des hommes.

Desorte qu'ainsi que les arbres que l'on plie avec grand effort, se remettent avec d'autant plus de violence dans leur état naturel, aussitôt que la main qui les tenoit les laisse aller : De même, en un sens contraire, depuis que la nature humaine a été corrompuë, & com-

me courbée par le peché, elle ne peut plus être redressée que par une force extrême; & aussi-tôt qu'on la laisse à elle-même, & qu'on l'abandonne, elle se précipite par son propre poids dans le vice de son origine.

Mais on ne doit pas admirer que cette loi soit gravée si profondément dans toutes les parties de la nature, puisqu'on en voit reluire des traces si claires dans l'ordre, selon lequel le Créateur gouverne les créatures qui se sont éloignées de lui, & qui

sont tombées dans la desobéïssance.

Car y a-t'il rien de plus magnifique & de plus illustre en tous ses ouvrages, que d'avoir tellement opposé sa grace au peché de l'homme, qu'il avoit créé à son image, qu'au lieu que le peché le portoit vers le néant, dont il avoit été tiré, sa grace l'a fait revenir à l'auteur de son être, & à la source de tous ses biens.

Ainsi Dieu a mieux aimé refaire le vase qui étoit tombé de ses mains, & lui ren-

pátria natural e caíram, e teriam acabado no nada se Deus não os tivesse sustentado em sua queda por uma bondade toda poderosa.

Depois disso, devemos nos espantar que não haja de modo algum república tão sábia em sua polícia,[6] nem tão firme em sua potência, cujo vigor não relaxe pela revolução dos séculos, nem ordem religiosa cuja regra seja estabelecida com tanta pureza, guardada com tanto cuidado e confirmada por uma observação tão estreita, de modo que os espíritos não venham a se resfriar e a austeridade que lhe é salutar não comece a relaxar, e que, consequentemente, a corrupção aumentando sempre pouco a pouco, à medida que os maus costumes crescem, não caiamos na primeira desordem comum aos homens?

De forma que, assim como as árvores que envergamos com grande esforço se voltam com mais violência para o seu estado natural, no momento em que a mão que as mantém as solta, do mesmo modo, em um sentido contrário, depois que a natureza humana foi corrompida e curvada pelo pecado, ela não pode mais ser redirecionada senão por uma força extrema; no mesmo instante que a deixamos entregue a ela mesma, e que a abandonamos, a natureza precipita-se por seu próprio peso dentro do vício de sua origem.

Mas não devemos nos admirar que esta lei esteja gravada tão profundamente em todas as partes da natureza, já que nela vemos reluzir traços tão claros de ordem, segundo a qual o Criador governa as criaturas que se distanciaram dele e que caíram na desobediência.

Porque não há nada de mais magnífico e mais ilustre em todas as suas obras do que ter de tal modo oposto a sua graça ao pecado do homem, que foi criado à sua imagem: o pecado levou o homem em direção ao nada, de onde ele foi tirado, mas a sua graça o fez voltar ao autor de seu ser e à fonte de todos os bens.

dre la premiere figure qu'il lui avoit donnée, que de le jetter après qu'il a été rompu, ou de briser les pieces qui en étoient restées, & en faire un autre tout de nouveau.

Cette conduite de la Sagesse éternelle a, dans les siécles passez, aussi-bien que dans le nôtre, servi de guide aux grands hommes du Christianisme, & leur a fait juger qu'ils travailleroient plus utilement, s'ils remettoient le plus ancien & le plus celebre Institut de Religieux dans la splendeur qu'il a euë lors de son origine & de sa naissance, & retraçoient sur la face de cet ordre, qui étoit si défigurée, sa beauté premiere & naturelle, que s'ils y ajoûtoient de nouveaux traits, & des couleurs étrangeres.

Et certes, lors que l'antiquité se trouve établie par une sagesse toute divine ; qu'elle a été éprouvée par un long usage de plusieurs siécles, & qu'elle a aquis l'approbation publique par les bons effets qu'elle a produits, elle doit être preferée à toute sorte de nouveauté.

Et je ne puis assez m'étonner que quelques-uns ayent tant d'amour pour eux-mêmes, ou tant de mépris pour les autres, ou tant de vaines appréhensions pour l'avenir, qu'ils aiment mieux être seuls à blâmer des entreprises si saintes, que de joindre leurs applaudissements aux loüanges qu'elles reçoivent des personnes qui les favorisent.

Mais puisque la Justice a trouvé autrefois des Accusateurs, & que l'on a voulu faire croire que c'étoit une perfection de la Nature que d'être chauve, la Pieté peut bien trouver des Censeurs : Et je m'éforcerois de leur inspirer l'estime qu'ils doivent avoir d'un dessein si pur & si glorieux, en le loüant autant qu'il le mérite, si je ne craignois, comme S. (a) Augustin a dit en une pareille rencontre, que si j'employois les lumieres du discours, & les ornements d'un Panégyrique, je donnerois lieu de croire que le sujet

(a) *De morib. Eccl. cap.* 32.

Assim Deus preferiu refazer o vaso que tinha caído de suas mãos e lhe conceder a primeira figura que lhe tinha dado, em vez de lançá-lo fora depois que se rompeu, ou de quebrar as peças que tinham restado e dele fazer um outro totalmente novo.

Esta conduta da sabedoria eterna tem, tanto nos séculos passados quanto no nosso, servido de guia aos grandes homens do cristianismo; e os fez julgar que trabalhariam mais utilmente se reconduzissem o mais antigo e o mais célebre Instituto Religioso[7] ao esplendor que teve desde sua origem e de seu nascimento, e retraçaram no rosto desta ordem, que estava tão desfigurado, sua beleza primeira e natural, nela acrescentado novos traços e cores diferentes.

E certamente, desde que a antiguidade[8] se estabeleceu por uma sabedoria totalmente divina, ela foi colocada à prova por um longo uso que dela se fez em vários séculos, e adquiriu a aprovação pública pelos bons efeitos que produziu, assim, a antiguidade deve ser preferida a toda forma de novidade.

Não posso me espantar muito que algumas pessoas tenham tanto amor por si mesmas, ou tanto desprezo pelos outros, ou tantas vãs apreensões quanto ao futuro, que mais prefiram ser os únicos a censurar comedimentos tão santos, em vez de juntar seus aplausos aos louvores que eles aceitam das pessoas que as favorecem.[9]

Mas já que a Justiça encontrou em outras ocasiões acusadores, como quisemos fazer crer que era uma perfeição da natureza ser calvo,[10] a piedade pode encontrar seus censuradores: me esforçarei em neles inspirar a estima que devem ter por um desejo[11] tão puro e tão glorioso, louvando-o tanto quanto merece; eu só temo, como Santo Agostinho[12] disse em uma passagem parecida, ao servir-se das luzes do discurso e dos ornamentos de um panegírico, acreditar que o assunto[13] teria tido necessidade deste

auroit eu besoin de cet éclat emprunté, & qu'il n'auroit pas eu assez de sa seule beauté naturelle, pour plaire à des Juges équitables.

Mais afin de contribuër ce que je puis, pour vous aider un peu dans vos principaux exercices, par lesquels vous tendez vers le Ciel, j'ai résolu de vous dire quelque chose, autant que ma foiblesse me le peut permettre, non de l'excellence ni de la réformation de la discipline Monastique, mais de la corruption & du renou-

vellement de l'esprit humain, qui est tout le fruit de la discipline reguliere, & d'expliquer en détail de quelle maniere il est tombé dans la corruption, & qu'elle est la voye la plus courte par laquelle il peut retourner à son principe, & recouvrer la perfection & la pureté de son origine.

En quoi je tâcherai, autant que Dieu m'en fera la grace, de marcher sur les pas, & d'employer même les paroles de celui qui a pénetré davantage dans les replis les

plus cachez du cœur de l'homme, & dans les mouvements les plus secrets & les plus imperceptibles des passions ; Je veux dire de S. Augustin, afin que sous l'autorité d'un si grand Docteur, dont je recüeillerai les pensées qui sont répanduës en divers endroits de ses œuvres, je ne craigne point d'avancer rien témérairement, ni vous de recevoir avec trop de déference, & si vous voulez passer plus avant, de suivre avec trop d'ardeur des régles si pures & si Chrétiennes.

COMMENCEMENT DU DISCOURS.

LOrs qu'il plût à Dieu, dont la bonté est aussi infinie que la grandeur, de tirer de la source inépuisable de ses graces & de sa puissance une Créature, qui bien que terrestre fût néanmoins digne du Ciel, tandis qu'elle demeureroit unie à son Créateur ; il lui donna une ame immortelle qu'il mit dans un corps qui pouvoit, s'il

brilho emprestado e não tinha o suficiente em sua beleza natural para agradar a juízes equânimes.

Porém, a fim de contribuir com aquilo que posso, para vos ajudar um pouco em vossos principais exercícios, pelos quais tendeis em direção ao céu, resolvi dizer-vos alguma coisa, tanto quanto minha fraqueza pode permitir, não da excelência, nem da reforma da disciplina monástica, mas da corrupção e da renovação do espírito humano, que é na sua totalidade o fruto da disciplina regular, e explicar detalhadamente de qual maneira o homem caiu na corrupção, qual é a via mais curta pela qual ele pode retornar a seu princípio e recuperar a perfeição e a pureza de sua origem.[14]

Nisto trabalharei, tanto quanto Deus me conceder a graça, marchando sobre os passos e empregando as mesmas palavras daquele que mais penetrou nos recônditos mais escondidos do coração humano, nos movimentos mais secretos e nas mais imperceptíveis paixões, isto é, Santo Agostinho, a fim de que, sob a autoridade de um grande doutor, do qual recolherei os pensamentos que estão difundidos em diversos lugares de suas obras, não temo, de modo algum, em nada avançar temerariamente, nem vós de receber com demasiada deferência, e, se quereis passar mais adiante, de seguir com muito ardor regras tão puras e tão cristãs.

COMEÇO DO DISCURSO

Quando agradou a Deus, cuja bondade é tão infinita quanto a grandeza de tirar da fonte inesgotável de suas graças e de sua potência uma Criatura, que embora fosse terrestre, entretanto digna do Céu, ao passo que ela

eût voulu, ne point mourir.

Il donna à cette ame la lumiere de l'intelligence, & la liberté de la volonté ; & à l'être de la Nature il ajoûta le don de la Grace, par laquelle il contemploit de l'œil très-pur & très-clair de son esprit, la vérité immuable ; & étoit uni & attaché à son Auteur d'une affection toute sainte, & d'un amour tout divin.

Y avoit-il rien alors parmi les créatures de plus grand que lui, puis qu'étant joint au premier principe de toutes choses, il s'élevoit dans l'éternité de cette lumiere incompréhensible ? Et y avoit-il une connoissance plus parfaite que la sienne, puis qu'il étoit éclairé de la lumiere de cette éternité bien-heureuse ?

Cette union & cette intelligence produisoient une joye & un plaisir ineffables dans son esprit par la possession d'un si grand bien, & la vigueur de l'immortalité dans son corps : Et ces deux graces suprêmes conservoient une profonde paix dans les deux parties dont il étoit composé, & donnoient le moyen à son esprit de suivre Dieu sans aucune résistance, & à son corps de suivre son esprit sans aucune peine.

Il ne lui manquoit rien de tout ce qu'il pouvoit desirer & posseder légitimement, & il n'y avoit rien qui pût troubler sa félicité intérieure & extérieure : Mais il n'étoit pas encore affermi dans cet état, par cette derniere fermeté qui lui eût fait aimer cette sagesse divine jusqu'à s'oublier soi-même, & jusqu'à oublier encore sa propre grandeur, en la comparant avec cette grandeur infinie. Desorte qu'ayant commencé à s'apercevoir de son bonheur, & à reconnoître quel il étoit, il fut ébloüi & charmé de sa beauté ; il commença à se regarder avec plaisir ; & par ce regard qui le rendit comme l'objet de ses propres yeux, & détourna sa vûë de Dieu pour la tourner toute sur soi-même, il tomba dans la desobéïssance.

continuasse unida a seu Criador, lhe deu uma alma imortal que colocou em um corpo que podia, se tivesse querido, não morrer.

Deu para esta alma a luz da inteligência e a liberdade da vontade e, ao ser natural acrescentou o dom da graça, pelo qual contemplava, com o olho puríssimo e claríssimo de seu espírito, a verdade imutável; tal ser estava unido e ligado a seu Autor com uma afeição totalmente santa e com um amor totalmente divino.

Havia alguma criatura maior que ela, já que, estando ligada ao primeiro princípio de todas as coisas, elevava-se à eternidade desta luz incompreensível? E havia um conhecimento mais perfeito do que o seu, já que era iluminada pela luz desta eternidade bem-aventurada?

Esta união[15] e esta inteligência produziram uma alegria e um prazer inefável em seu espírito pela posse de um tão grande bem e o vigor da imortalidade em seu corpo: e estas duas graças supremas[16] conservavam uma profunda paz nas duas partes, concedendo ao seu espírito o meio de seguir a Deus sem nenhuma resistência, e a seu corpo o meio de seguir seu espírito sem nenhuma dificuldade.

Não lhe faltava nada de tudo aquilo que podia desejar e possuir legitimamente, não havendo nada que pudesse confundir sua felicidade interior e exterior: porém, ainda não estava firme neste estado, com aquela última firmeza que lhe tinha feito amar a sabedoria divina até esquecer-se de si mesmo e de sua própria grandeza, comparando-a com aquela grandeza infinita. De forma que, tendo começado a perceber sua felicidade e a reconhecê-la, fascinou-se e encantou-se por sua beleza, começando a olhar-se com prazer, e, por este olhar, tornou-se o objeto de seus próprios olhos e desviou sua visão de Deus para direcioná-la totalmente para si; assim, caiu na desobediência.

Car il ne fit pas remonter, comme il devoit, le ruisseau, qui lui paroissoit si agreable, vers la source d'où il étoit sorti ; mais il se détacha de son auteur ; il voulut n'être plus qu'à soi ; & se gouverner par sa propre autorité, au lieu de recevoir la loi de celui qui la lui devoit donner.

Il se perdit de cette sorte, en voulant s'élever contre l'ordre de la nature & de la raison ; n'y ayant point d'élevement plus extravagant & plus injuste que de quitter le principe auquel on doit demeurer inséparablement attaché, pour se rendre comme le principe de soi-même, la régle de sa vie, l'origine de ses connoissances, & la source de sa félicité.

Et qu'est-ce que l'orgüeil, sinon le desir de cette injuste grandeur? & d'où vient ce desir, sinon de l'amour que l'homme se porte ? & à quoi se termine cet amour, sinon à quitter ce bien souverain & immuable que l'on doit aimer plus que soi-même?

Ainsi l'orgüeil ayant corrompu la volonté de l'homme, comme si par cette enflûre ses yeux se fussent fermez & obscurcis, les ténébres se formerent en mêmetems dans son esprit ; & il devint aveugle jusqu'à tel point, que l'un des deux crût que le Serpent lui disoit la verité ; & l'autre, que se rendant compagnon dans le crime de celle qui étoit sa compagne dans sa vie & dans son bonheur, sa desobéïssance au commandement de Dieu ne seroit qu'une faute pardonnable.

Enfin, après qu'il eût perdu les plaisirs de cette félicité spirituelle, il en rechercha de charnels & de grossiers dans les choses les plus basses. (a) *Eve*, dit l'Ecriture, *prit du fruit de l'arbre, & en mangea ; & en donna à son mari, lequel en mangea aussi.*

L'homme perdit en cette maniere la possession de cette éternité si haute & si élevée, de cette vérité & de cette sagesse si immuable, & de ces délices de l'esprit si pures & si excellentes: Et ayant

(a) *Gen.* 3.

O homem não subiu como devia o regato subir, este que lhe parecia tão agradável, em direção à fonte de onde tinha saído, mas desligou-se de seu autor, quis ser só para si, governar-se por sua própria autoridade, em lugar de receber a lei daquele que lhe devia dar.

Perdeu-se desta forma, ao querer elevar-se contra a ordem da natureza e da razão, não tendo nenhuma forma mais extravagante e mais injusta de elevar-se senão abandonando o princípio ao qual devemos continuar inseparavelmente ligados, para tornar-se o princípio de si mesmo, a regra de sua vida, a origem de seus conhecimentos e a fonte de sua liberdade.

E o que é o orgulho senão o desejo desta injusta grandeza? E de onde vem este desejo, senão do amor que o homem dirige a si? E a que este amor vai desaguar senão em abandonar este bem soberano e imutável que devemos amar mais que a nós mesmos?

Assim, o orgulho tendo corrompido a vontade do homem, como se por esta presunção seus olhos fossem fechados e obscurecidos, as trevas formaram-se dentro do seu espírito e ele tornou-se cego até tal ponto que um dos dois[17] acreditou que a serpente lhe dizia a verdade, e o outro, se tornando companheiro daquela que era sua parceira em sua vida e felicidade, acreditou que sua desobediência a Deus não seria senão uma falta perdoável.

Enfim, depois que o homem perdeu os prazeres desta felicidade espiritual, buscou os prazeres carnais e grosseiros nas coisas mais baixas. *Eva*, diz a Escritura, *tomou do fruto da árvore, e dele deu a seu marido, o qual também comeu.*[18]

O homem perdeu desta maneira a posse daquela eternidade tão alta e tão elevada, daquela verdade e sabedoria tão imutável e daquelas delícias tão puras e tão excelentes do espírito. E tendo desejado tornar-se

voulu se rendre le principe de sa grandeur, de sa connoissance, & de sa felicité, il devint superbe, curieux, & sensuel; & engagea toute sa posterité dans ses déreglements, & dans ses vices.

Car s'étant vû abandonné à lui-même, aussi-tôt qu'il eût l'expérience du bien & du mal, il sentit sa pauvreté; & ce sentiment le porta à vouloir imiter, mais par une imitation déréglée & pleine d'aveuglement, la grandeur, la science, & la beatitude divine qu'il avoit goûtées, & ausquelles il avoit été uni par cet état admirable de gloire, de lumiere, & de bonheur. Il devint esclave de ces trois passions desordonnées, qui lui inspirent sans cesse un desir ardent de réparer la perte qu'il a faite, & de recouvrer la félicité qu'il a méprisée; cherchant ainsi la consolation de son malheur dans l'ombre de ces grands biens, dont il avoit une véritable & une parfaite joüissance.

Ce sont-là les derniers efforts de l'homme blessé d'une plaïe mortelle. Ce sont les derniers mouvements d'un corps qui n'a plus qu'un peu de vie; par lesquels il témoigne qu'il n'est pas encore tout-à-fait mort. Et enfin ce sont-là les trois sources de tous les vices & de toute la corruption de l'homme, selon la doctrine constante & perpétuelle de S. Augustin. (*a*)

Et certes il n'y a point d'espece de tentation dont le diable se serve pour fouler aux pieds ceux qu'il a fait tomber, ou faire tomber ceux qui sont debout, qui ne soit comprise dans l'étenduë de l'orgüeil, de la curiosité, ou des plaisirs sensuels.

Car depuis qu'il a éprouvé la force de ces armes, par l'extrême facilité avec laquelle il remporta la Victoire sur le premier Homme, il les a comme dédiées & consacrées à la perte & à la ruïne de tous les hommes.

Par ces paroles (*a*) *du jour que vous mangerez de ce fruit,*

(*a*) *De Vera Relig. c,* 38. *Confess. l.* 3. *cap.* 8. *Et ailleurs.*

(*a*) *Gen.* 2.

o princípio de sua grandeza, de seu conhecimento e de sua felicidade, tornou-se soberbo, curioso e sensual, engajou toda sua posteridade em seus desregramentos e vícios.

Porque vendo-se abandonado a si mesmo, assim que teve a experiência do bem e do mal, sentiu sua pobreza; e este sentimento o levou a querer imitar, mas por uma imitação desregrada e plena de cegueira, a grandeza, a ciência e a beatitude divina que tinha experimentado, às quais estava unido por aquele estado admirável de glória, de luz e de felicidade. O homem torna-se escravo destas três paixões desordenadas, que lhe inspiram sem cessar um desejo ardente de reparar o prejuízo que lhe ocorreu e de recuperar a felicidade desprezada, buscando assim o consolo de sua infelicidade na sombra destes grandes bens, nos quais ele tinha uma verdadeira e perfeita alegria.

Estes são os últimos esforços do homem ferido com uma chaga mortal. Estes são os últimos movimentos de um corpo que não tem mais senão um pouco de vida, pelos quais ele testemunha que não está ainda totalmente morto. Enfim, estas são as três fontes de todos os vícios e de toda a corrupção do homem, conforme a doutrina constante e perpétua de Santo Agostinho.[19]

Certamente não há nenhuma outra espécie de tentação da qual o diabo se sirva para calcar os pés *naqueles* que ele fez cair, ou fazer cair aqueles que estão em pé, que não esteja incluída dentro da extensão do orgulho, da curiosidade ou dos prazeres sensuais.

Porque depois que o diabo experimentou a força destas armas, pela extrema facilidade com a qual ele alcançou a vitória sobre o primeiro homem, dedicou e consagrou tais armas à perda e à ruína de todos os homens.

Por estas palavras, *o dia em que comerdes deste fruto*,[20] imprimiu até nas entranhas e em todos os órgãos da carne o sentimento e o

il a imprimé jusques dans les moüelles & dans tous les organes de la chair, le sentiment & le desir des voluptez les plus basses; Par les paroles suivantes, *vos yeux seront ouverts, & vous connoîtrez le bien & le mal*, il leur a inspiré une curiosité toûjours inquiéte; & par ces derniers, *vous serez comme des Dieux*, il a versé dans leurs cœurs le venin si pénétrant & si caché de l'orgüeil.

Et c'est pour cela que nôtre Roi étant venu pour guérir l'homme de ces trois blessures, (*a*) a été attaqué en ces trois manieres, & a rompu la pointe de ces trois fléches par le bouclier de sa verité, afin que ses imitateurs ne craignissent plus les armes par lesquelles ils avoient été vaincus.

Le Diable le tenta par la volupté de la chair, lors qu'il lui demanda qu'il changeât les pierres en pain; Par la curiosité de sçavoir & de connoître, lors qu'il le voulut porter à tenter Dieu, & à éprouver si les Anges le

(*a*) *Matth.* 4.

soûtiendroient; Et enfin par l'orgüeil, lors qu'il lui promit tous les Royaumes du monde; ayant gardé, pour faire tomber le Créateur, le même ordre dont il s'étoit servi pour faire tomber la créature. Le Diable employa toutes ces machines, & épuisa tout son arcenal dans ces trois attaques; Et c'est pourquoi l'Evangeliste dit; (*a*) *Toute la tentation étant finie, le Diable se retira de lui.*

Ce sont ces trois passions que l'Apôtre S. Jean a marquées divinement, & en peu de paroles, lors qu'il a dit; (*b*) *Qu'il n'y a rien dans le monde que concupiscence de la chair, concupiscence des yeux, & orgüeil de la vie.* Et quiconque les examinera avec soin, reconnoîtra que toute l'impureté qui corrompt le corps & l'esprit de l'homme, & tous les crimes qui troublent la société humaine, découlent de ces trois sources, & que ces ruisseaux se séchent, lors que ces sources sont arrêtées.

(*a*) *Luc.* 4.

(*a*) 1. *Joan.* 2.

desejo das volúpias mais baixas. Pelas palavras seguintes, *vossos olhos serão abertos e conhecereis o bem e o mal*, ele inspirou nos homens uma curiosidade sempre inquieta, e por estas últimas, *vós sereis como deuses*, derramou dentro de seus corações o veneno tão penetrante e tão escondido do orgulho.

É por isso que nosso Rei, tendo vindo para curar o homem destas três feridas,[21] foi atacado destas três maneiras, rompeu as pontas destas três flechas com o escudo da verdade, a fim de que seus imitadores não temessem mais as armas pelas quais eles foram vencidos.

O diabo o tentou pela volúpia da carne, quando lhe pediu para transformar as pedras em pão; pela curiosidade de saber e de conhecer, quando queria induzi-lo a tentar a Deus e a experimentar se os anjos o sustentariam; enfim, pelo orgulho, quando a ele prometeu todos os reinos do mundo. Conservou, para fazer cair o Criador, a mesma ordem que se serviu para fazer cair a criatura. O diabo empregou toda a sua astúcia e esgotou todo o seu arsenal nestes três ataques, isto porque o Evangelho diz: *Toda a tentação tendo acabado, o diabo se retirou da presença dele.*[22]

Estas são aquelas três paixões que o apóstolo São João assinalou divinamente, com poucas palavras, quando disse:

Não há nada no mundo senão concupiscência da carne, concupiscência dos olhos e orgulho da vida.[23]

Qualquer um que as examine com cuidado reconhecerá que toda impureza que corrompe o corpo e o espírito do homem e todos os crimes que se encontram na sociedade humana decorrem destas três fontes. E estes regatos se fecham desde que estas fontes se detenham.

Car qu'y a-t'il autre chose dans tout l'homme que le corps & l'ame; & qu'y a-t'il dans l'ame que l'esprit & la volonté? Or la volonté a reçû l'impression de l'orgueil, l'esprit celle de la curiosité, & le corps celle des desirs de la chair.

Je sçai bien qu'il y en a qui croyent que l'Apôtre a voulu marquer la passion des richesses par la concupiscence des yeux; & d'autres qui sont en peine de sçavoir sous laquelle de ces trois especes on la doit mettre : Mais l'avarice n'est jamais la premiere passion, le bien n'étant desiré que pour satisfaire à l'une de ces concupiscences, ou à deux, ou à toutes les trois ensemble; & servant de Ministre & non de chef aux mouvemens vicieux, soit de l'esprit soit du corps.

Et c'est pour cela que toutes les personnes vertueuses, qui travaillent à purifier leur ame & à renouveller leur esprit selon l'image de celui qui l'a créé, doivent s'étudier à reconnoître la nature & les effets de ces passions, & s'instruire avec soin de l'ordre & des régles qui sont établies pour les guérir, afin qu'elles puissent recouvrer la pureté qu'elles ont perduë.

I. PARTIE.

Des Voluptez de la Chair.

LA concupiscence de la chair est le premier ennemi que l'on trouve à combattre lors que l'on entre dans la voye de cette réformation spirituelle; Et c'est aussi la premiere passion que tous ceux qui desirent d'être vertueux tâchent de régler & de dompter par le frein de la temperance, étant la plus grossiere, & la plus sensible à ceux qui s'efforcent de passer des ténébres dans la lumiere; & la plus aisée à vaincre à ceux qui sont foibles.

Elle est appellée, *la concupiscence, ou le desir de la chair*, parce que le plaisir vers lequel elle se porte avec violence se ressent dans la chair,

Haveria no homem outra coisa senão corpo e alma? Haveria na alma senão espírito e a vontade? Ora, a alma recebeu a impressão do orgulho; o espírito, a da curiosidade; e o corpo, a do desejo da carne.

Eu bem sei que há quem se equivoque dizendo que o Apóstolo quis assinalar a paixão pelas riquezas como concupiscência dos olhos; outros têm dificuldade de saber sob qual destas três espécies a devemos colocar. Mas a avareza jamais foi a primeira paixão, pois um bem se deseja apenas para satisfazer a uma destas três concupiscências, ou a duas, ou a todas as três conjuntamente, servindo de ministro e não de chefe aos movimentos viciosos, seja do espírito, seja do corpo.

É por isso que todas as pessoas virtuosas que trabalham para purificar a sua alma e para renovar seu espírito, conforme a imagem daquele que as criou, devem estudar-se para reconhecer a natureza e os efeitos destas paixões, instruir-se com cuidado sobre a ordem e as regras que foram estabelecidas para as curar, a fim de que possam recuperar a pureza que perderam.

I PARTE – DAS VOLÚPIAS DA CARNE

A concupiscência da carne é a primeira inimiga com que nos deparamos para combater desde que entramos na via desta reforma espiritual. É também a primeira paixão que todos aqueles que desejam ser virtuosos procuram regrar e domar pelo freio da temperança, sendo a mais grosseira e a mais sensível àqueles que se esforçam para passar das trevas à luz e a mais simples de vencer para aqueles que são fracos.

Ela é chamada de *concupiscência*, ou *o desejo da carne*, porque o prazer, em direção ao qual ela eleva-se com violência, sentimos na carne, entrando tanto pelos cinco sentidos quanto pelos poros.

& entre par les cinq sens, comme par autant de pores.

Car l'esprit de l'homme aïant malheureusement perdu le sentiment des délices intérieures, se répand dans les extérieures, s'efforçant de retenir, au moins par les sens corporels qui sont les plus basses & les plus grossieres de ses puissances, ce plaisir celeste qui l'abandonne, ou d'en récompenser la perte par d'autres plaisirs.

C'est-là que la volupté régne comme dans son empire ; & tous ceux qui vivent selon la chair combattent sous ses enseignes, comme ceux qui vivent selon l'esprit lui résistent, pour la dompter & pour la vaincre.

Mais encore que l'amour de la tempérance nous empêche de nous abandonner à ces plaisirs, néanmoins l'ame combat elle-même ses saintes intentions, par les mouvements déréglez qui l'agitent & qui la troublent; & un certain desir de volupté la pousse, quoi qu'avec répugnance & contre sa volonté même, à la joüissance des choses où l'ardeur de son inclination la porte.

Ce mouvement si violent n'est rien qu'une passion générale & un desir déreglé de ressentir, en quelque maniere que ce soit, les plaisirs qu'il n'est pas permis d'aimer. Et cette passion de la volupté, par quelque porte de nos sens qu'elle s'efforce d'entrer dans nôtre ame, est entierement contraire à l'amour de la sagesse, & ennemie des vertus.

L'unique régle que l'on doit suivre pour la pouvoir vaincre, est cette régle si abregée de la vie chrétienne, laquelle S. Augustin a marqué en plusieurs endroits de ses écrits, & établie sur des fondements inébranlables, bien que quelques-uns ne l'ayent pû entendre, ou qu'ils l'ayent même improuvée. Qu'encore que l'on puisse faire beaucoup de choses comme en passant par la volupté, on ne doit rien faire néanmoins pour la volupté, par l'instinct de cette passion déréglée que le peché a gravée dans nous.

Já que o espírito do homem, infelizmente, perdeu os sentimentos das delícias interiores, dissipou-se nas exteriores, esforçando-se para reter, ao menos pelos sentidos corporais, que são os mais baixos e mais grosseiros de suas potências, aquele prazer celeste que o abandonou, ou de recompensar a perda do prazer celeste com outros prazeres.

É na carne que a volúpia reina, sendo esse o seu império; todos aqueles que vivem segundo a carne[24] combatem seus sinais, como aqueles que vivem segundo o espírito lhe resistem, para domá-la e vencê-la.

Porém, ainda que o amor pela temperança nos impeça de nos abandonar nestes prazeres, a alma, contudo, combate as santas intenções da temperança através de movimentos desregrados que a agitam e que a enganam; um certo desejo de volúpia a impele, embora com repugnância e mesmo contra a vontade, ao gozo das coisas onde o ardor de sua inclinação a direciona.

Esse movimento tão violento não é nada senão uma paixão geral e um desejo desregrado de sentir, de qualquer maneira que seja, os prazeres que não se é permitido amar. E esta paixão pela volúpia é, por qualquer porta dos nossos sentidos que ela se esforce para entrar em nossa alma, inteiramente contrária ao amor da sabedoria e inimiga das virtudes.

A única regra que devemos seguir para poder vencê-la é aquela sumária regra da vida cristã, a qual Santo Agostinho assinalou em várias passagens de seus escritos, estabelecida sobre fundamentos inabaláveis, se bem que alguns não puderam compreender ou mesmo tinham-na como desaprovada. Ainda que se pudesse fazer muitas coisas passando pela volúpia, não devemos, contudo, nada fazer pela volúpia, pelo instinto desta paixão desregrada que o pecado gravou em nós.[25]

C'est-là l'épreuve de la vertu des Saints, & la carriere penible de leurs exercices & de leurs combats: Car lorsque les nécessitez de la vie nous obligent à user de la volupté qui est jointe aux sens du corps, pour faire quelque chose de bon & d'utile en passant par elle sans s'y arrêter, il arrive souvent que nous en abusons, & que nous nous y attachons de telle sorte, que nous n'agissons plus que par elle, Et au lieu qu'il faut user des sens corporels, selon les besoins de

la nature, & non selon la concupiscence, c'est-à-dire, qu'il en faut user pour le discernement des choses que nous devons approuver ou improuver, prendre ou rejetter, desirer ou fuïr, comme salutaire, ou pernicieuses pour la conservation de nôtre corps & de nôtre vie, ce plaisir dangereux se presente à nous, & paroit d'abord comme un serviteur qui suit son maître; mais souvent il fait tant d'efforts pour le devancer, qu'il nous porte à faire pour lui, ce que

nous voulions faire pour la seule nécessité. Ce qui arrive principalement à cause que la nécessité n'a pas la même étenduë que le plaisir, y ayant souvent assez pour le nécessaire, lors qu'il y a peu pour l'agréable.

Et ainsi ce mouvement desordonné formant des nuages dans nôtre esprit, nous ne pouvons juger qu'incertainement, si c'est encore le besoin que nous avons de nos sens, qui nous conduit, ou si c'est l'enchantement trompeur de la volupté qui nous

emporte: Et l'ame qui est charnelle se plait dans cette incertitude; Elle se réjoüit de ce que les bornes qu'elle ne doit point passer ne paroissent pas, afin qu'elle satisfasse la passion du plaisir, sous l'apparence specieuse de la seule nécessité. Et ainsi au lieu qu'usant de ses sens, elle ne devoit sentir du plaisir que parce qu'elle étoit contrainte de passer par la volupté, n'y ayant point d'autre passage; elle reconnoît à la fin que la concupiscence a rendu cette vo-

Isto testemunhamos pela virtude dos santos, pelo percurso de seus exercícios[26] e seus combates. Porque desde que as necessidades da vida nos obrigam a usar da volúpia, que está ligada aos sentidos do corpo, para fazer alguma coisa de bom e útil passando por ela, mas sem nela deter-se, acontece muitas vezes que abusamos e nos ligamos à volúpia de tal forma que não agimos senão por ela. E como é preciso usar dos sentidos corporais – conforme as necessidades da natureza e não segundo a concupiscência – isto é, é preciso usá-la para o discernimento das coisas que devemos aprovar ou desaprovar, buscar ou rejeitar, desejar ou evitar, como salutar ou pernicioso para a conservação de nosso corpo e nossa vida –, então, este prazer perigoso apresenta-se a nós e, inicialmente, aparece como um servidor que segue seu mestre; porém, muitas vezes, é necessário tanto esforço para sobrepujá-lo que este prazer nos leva a fazer para ele aquilo que gostaríamos de fazer somente pela necessidade. Isso acontece, principalmente, porque a necessidade não tem a mesma extensão que o prazer, havendo prazer o bastante para fazer cumprir aquilo que é necessário, desde que haja pouco prazer na realização do que é agradável.[27]

E assim este movimento desordenado forma nuvens em nosso espírito, não nos capacitando a julgar senão de modo incerto, já que é a necessidade que temos de nossos sentidos que nos conduz ou o encantamento enganador da volúpia que nos arrasta. A alma que é carnal se favorece nesta incerteza, a fim de que satisfaça a paixão pelo prazer somente sob a aparência especial da necessidade.

Deste modo, uma vez usando de seus sentidos, a alma não deveria sentir prazer senão porque está constrangida a passar pela volúpia, não tendo nenhuma outra passagem; ao fim, a alma reconhece que a concupiscência tornou a volúpia o objeto e o fim de seu sentimento.

Discurso da Reforma do Homem Interior

lupté l'objet & le but de son sentiment.

Le discernement de cette illusion n'est pas difficile dans l'absence des choses que nous desirons, lors que nous en considérons la cause avec soin, & que nous examinons si c'est la nature qui nous demande ce qui lui est nécessaire; ou si c'est la volupté qui nous flâte. Mais dans la presence des choses qui plaisent à nos sens, on ne sçauroit assez exprimer combien la passion excite de nuages & de fumées dans nôtre esprit, & en nous obscurcissant les yeux nous empêche de reconnoître, si c'est la nécessité ou le plaisir qui nous fait agir.

De-là naît ce doute, qui arrive d'ordinaire aux ames religieuses, qui se trouvant émûës de dévotion & de piété lors qu'elles entendent chanter un Pseaume, sont en peine en même-tems de juger si c'est la piété qui aime le sens des paroles, ou si c'est la passion de l'oüie qui en aime seulement le son: Parce que selon la régle très-véritable de la vertu chrétienne, il n'est pas permis de repaître son esprit ni ses oreilles de la seule douceur & de la seule harmonie des sons & des voix.

De-là vient encore ce combat, qui arrive tous les jours entre la tempérance & la concupiscence, lors que nous réparons les ruïnes de nôtre corps par la nourriture; étant inexprimable combien la concupiscence nous dresse d'embûches, & comme elle nous empêche de remarquer quelles sont les bornes de la nécessité de la vie pour laquelle nous mangeons & nous bûvons; comme elle les change; comme elle les couvre; comme elle les passe; & comme elle nous fait croire que ce qui suffit, ne suffit pas; nous laissant gagner par ses attraits & par ses amorces; & nous persuadant que nous mangeons encore pour nôtre santé, lors que nous ne mangeons plus que pour produire des cruditez, & des indigestions dans nôtre estomac; ainsi que nous l'avoüons après, en nous re-

O discernimento desta ilusão não é difícil na ausência das coisas que desejamos, desde que consideremos a causa do desejo com cuidado e examinemos se é a natureza que solicita aquilo que é necessário ou se é a volúpia que nos lisonjeia. Porém, na preferência das coisas que agradam os nossos sentidos, não saberíamos exprimir suficientemente quanto a paixão excita nuvens e fumaças em nosso espírito e, obscurecendo nossos olhos, impede de reconhecer se é a necessidade ou o prazer que nos faz agir.

Disto nasce aquela dúvida que chega frequentemente às almas religiosas, que se encontram emocionadas de devoção e piedade na ocasião que escutam cantar um salmo, tendo dificuldade de julgar, ao mesmo tempo, se é a piedade que ama o sentido das palavras ou se é a paixão do ouvido que ama somente o som. Porque, conforme a regra verdadeira da virtude cristã, não é permitido alimentar seu espírito, nem suas orelhas, unicamente da doçura e da harmonia dos sons e da voz.

Disto ainda provém aquele combate, que acontece todos os dias, entre a temperança e a concupiscência, quando restauramos as ruínas de nosso corpo pelo alimento, sendo inexprimível o quanto a concupiscência nos arma emboscadas e como nos impede de perceber quais são os limites da necessidade da vida pela qual comemos e bebemos, como ela muda tais limites, como os cobre, como os ultrapassa e como a concupiscência nos faz acreditar que aquilo que basta, não basta, deixando-nos vencer por seus atrativos e engodos, persuadindo-nos de que comemos por nossa saúde, quando não mais comemos senão para produzir azias e indigestões em nosso estômago, mesmo que reconheçamos depois, nos arrependendo de nossa falta. Isto é tão verdadeiro que a concupiscência não poderia descobrir este ponto

pentans de nôtre faute. Tant il est vrai que la concupiscence ne sçauroit découvrir ce point & ce terme qui borne l'étendue de la nécessité & du besoin ; & que l'expérience confirme cette parole d'un ancien, que d'ordinaire le repentir suit la volupté.

Desorte qu'autant qu'il est aisé de dire que nous pouvons faire plusieurs choses avec plaisir, mais comme en passant ; autant il est difficile d'être tellement sur ses gardes dans toutes ses actions, que l'on ne fasse rien par le seul mouvement du plaisir, & pour le plaisir.

Et cette difficulté est principalement sensible à ceux qui ont déclaré la guerre à tous les plaisirs ; & qui n'ayant pas la liberté de les retrancher d'un seul coup, à cause des nécessitez temporelles qui les y engagent, travaillent à les réduire dans la modération, & dans les régles de la tempérance.

Car où trouvera-t'on un homme, qui étant comme Job dans l'abondance de toutes sortes de biens, & qui devenant très-pauvre en un moment de très-riche qu'il étoit, demeure aussi ferme que lui, aussi immobile, aussi attaché à Dieu ; & qui montre par ses actions qu'il n'étoit pas possedé des richesses ; mais que c'étoient les richesses qui étoient possedées de lui, & lui de Dieu.

Certes, si les hommes avoient cette vertu dans le Christianisme où nous sommes, on ne se mettroit pas fort en peine de nous deffendre la possession des biens pour pouvoir devenir parfaits, étant beaucoup plus admirable de n'y être point attaché, quoiqu'on les posséde, que de ne les point posseder du tout. Et quiconque résoudra d'emploïer tous ses efforts pour s'élever au sommet de la perfection, laquelle consiste au retranchement de ses plaisirs, selon la régle immuable de la vérité, & travaillera ou à se priver tout à fait des voluptez des sens, comme des sons, des couleurs, des senteurs, des mets délicats, & des autres attraits de la chair, ou à les modérer

e este termo que limita a extensão da necessidade e do necessário, a experiência confirmando esta palavra de um antigo que dizia, frequentemente, que o arrependimento segue a volúpia.

E assim como é simples dizer que podemos fazer várias coisas com prazer, sem contudo apegar-nos a elas, do mesmo modo é difícil estar tão atento a todas as ações, de tal modo que não se faça nada por um único movimento do prazer e pelo prazer.

Esta dificuldade é sensível principalmente para os que declararam guerra a todos os prazeres e para os que não tendo a liberdade de suprimi-los de um só golpe, por causa das dificuldades temporais que os engajam nos prazeres, trabalham para reduzi-los com a moderação e as regras da temperança.

Ora, onde encontraremos um homem como Jó, que estando na abundância de todas as formas de bens e se tornando muito pobre depois de ter sido tão rico, continua tão firme quanto ele, tão constante, tão ligado a Deus, e que mostra por suas ações que não era possuído pelas riquezas, mas que eram as riquezas que eram possuídas por ele, e este por Deus.

Certamente, se os homens tivessem esta virtude no cristianismo, onde nos encontramos, não se colocaria muita dificuldade para nos proibir da posse dos bens a fim de tornarmo-nos perfeitos, sendo muito mais admirável não estarmos ligados a eles de modo nenhum, embora os possuamos, do que nada possuirmos. Qualquer um que resolva empregar todos seus esforços para elevar-se ao cume da perfeição, a qual consiste na supressão destes prazeres, conforme a regra imutável da verdade, trabalhará, ou para privar-se plenamente das volúpias dos sentidos, como dos sons, das cores, dos cheiros, das iguarias e de outros atrativos da carne, ou para moderá-los pela temperança, sendo forçado a confessar

par la tempérance, sera forcé de confesser que cette maxime est très-véritable. Il éprouvera qu'il est de toutes les délices des sens, ce qu'il est des richesses ; & sa propre conscience l'obligera d'avoüer, qu'il est plus aisé de ne point user de tous ces plaisirs, bien que légitimes, que d'en user sans commettre beaucoup de fautes.

II. PARTIE.

De la Curiosité.

VOILA la régle que l'on doit suivre, pour sçavoir ce que l'on doit refuser ou accorder à cette premiere passion, qui est la plus honteuse de toutes, & que l'Apôtre appelle la *concupiscence de la chair* : Mais celui à qui Dieu aura fait la grace de la vaincre, sera attaqué par une autre, d'autant plus trompeuse, qu'elle paroît plus honnête.

C'est cette curiosité toûjours inquiéte, qui a été apellée de ce nom, à cause du vain desir qu'elle a de sçavoir, & que l'on a palliée du nom de *science*.

Elle a mis le siége de son empire dans l'esprit, & c'est là qu'ayant ramassé un grand nombre de differentes images, elle le trouble par mille sortes d'illusions, & ne se contente pas d'agir sur lui, mais se produit encore au dehors par tous les organes des sens.

Car le peché a imprimé dans l'ame une passion volage, indiscrette, & curieuse, qui souvent l'engage même dans les périls & la porte à se servir des sens, non plus pour prendre plaisir dans la chair comme auparavant, mais pour faire des épreuves, & aquérir des connoissances par la chair. Et d'autant qu'elle consiste en un desir de connoitre, & que la vûë est le premier de tous les sens pour ce qui regarde la connoissance, (a) le S. Esprit l'a apellée, *la concupiscence des yeux*.

(a) I. Joan. 2.

que esta máxima é muito verdadeira. Experimentará o que são todas as delícias dos sentidos e das riquezas, e sua própria consciência o obrigará a reconhecer que é mais fácil não usar de todos estes prazeres, mesmo que legítimos, do que deles usar sem cometer muitas faltas.

II PARTE – DA CURIOSIDADE

Eis a regra que devemos seguir para sabermos o que devemos recusar ou aceitar em relação àquela primeira paixão, que é a mais vergonhosa de todas, e que o Apóstolo chama de *concupiscência da carne*. Porém, aquele a quem Deus teria dado a graça de vencê-la, será atacado por outra, tão mais enganosa quanto mais parece justa.[28]

É a esta curiosidade sempre inquieta, que foi chamada por este nome devido ao vão desejo que ela tem de saber, que dissimulamos com o nome de *ciência*.

A sede de seu império foi colocada no espírito; é nele que, tendo reunido um grande número de diferentes imagens, a curiosidade engana por mil formas de ilusões e não se contenta em agir sobre ele, mas as produz ainda fora do espírito por todos os órgãos dos sentidos.

Porque o pecado imprimiu na alma uma paixão volúvel, indiscreta e curiosa, que muitas vezes a compromete em perigos e a leva a servir-se dos sentidos, não mais para o prazer na carne como no início, mas para fazer experimentos e adquirir conhecimentos pela carne. E assim, como esta paixão consiste em um desejo de conhecer, sendo a visão o primeiro de todos os sentidos para aquele que considera o conhecimento,[29] o Espírito Santo a chamou de *concupiscência dos olhos*.

Que si vous voulez reconnoître quelle différence il y a entre les mouvemens de la volupté, & ceux de cette passion ; vous n'avez qu'à remarquer que la volupté charnelle n'a pour but que les choses agréables, au lieu que la curiosité se porte vers celles mêmes qui ne le sont pas, se plaisant à tenter, à éprouver, & à connoître tout ce qu'elle ignore.

Le monde est d'autant plus corrompu par cette maladie de l'ame, qu'elle se glisse sous le voile de la santé, c'est-à-dire, de la science.

C'est de ce principe que vient le desir de se repaître les yeux par la vûë de cette grande diversité de spectacles : De-là sont venus le Cirque, & l'Amphitéâtre, & toute la vanité des Tragédies & des Comédies : De-là est venuë la recherche des secrets de la nature qui ne nous regardent point, qu'il est inutile de connoître, & que les hommes ne veulent sçavoir que pour les sçavoir seulement : De-là est venuë cette exécrable curiosité de l'Art Magique : De-là viennent ces mouvemens de tenter Dieu dans la Religion Chrétienne, lesquels le Diable inspire aux hommes, portant même les personnes saintes à demander à Dieu des Miracles, par le seul desir d'en voir, & non pas par l'utilité qui en doive naître.

S. Augustin a été combattu en plusieurs manieres de ces sortes de tentations ; & nôtre Roi même en a été attaqué.

Mais qui pourroit exprimer en combien de choses, quoi que basses & méprisables, nôtre curiosité est continuellement tentée ; & combien nous manquons souvent lors que nos oreilles ou nos yeux sont surpris & frapez de la nouveauté de quelque objet, comme d'un liévre qui court, d'une araignée qui prend des mouches dans ses toiles, (a) & de plusieurs autres rencontres semblables ; combien nôtre esprit en est touché & emporté avec violence ?

Je sçai que ces choses sont

(a) *Il y a dans le Latin* Stellio *un Lézard.*

peti-

Se vós quereis reconhecer que diferença há entre os movimentos da volúpia e aqueles desta paixão, não tendes senão que notar que a volúpia carnal não tem por fim senão as coisas agradáveis, ao passo que a curiosidade encaminha-se na direção daquelas que não o são, comprazendo-se em procurar, experimentar e conhecer tudo aquilo que ignora.

O mundo é tão corrompido por esta doença da alma que ela passa furtivamente pelo véu da saúde, isto é, da ciência.

É deste princípio que vem o desejo de entreter os olhos pela visão desta grande diversidade de espetáculos: disto veio o circo, o anfiteatro e toda a vaidade das tragédias e comédias; disto veio a investigação dos segredos da natureza, que não nos dizem respeito de modo algum, que é inútil de conhecer e que os homens só os querem saber unicamente para sabê-los. Disto veio aquela execrável curiosidade da arte mágica, da qual provêm aqueles movimentos de tentar Deus dentro da religião cristã, com os quais o diabo inspira os homens, levando, mesmo as pessoas santas, a solicitar de Deus milagres somente pelo desejo de vê-los e não pela utilidade que deles deve nascer.

Santo Agostinho foi combatido de várias maneiras por estas fortes tentações, e mesmo nosso rei foi atacado por elas.

Porém, quem poderia exprimir em quantas coisas, embora baixas e desprezíveis, nossa curiosidade é continuamente tentada, o quanto geralmente erramos quando nossas orelhas ou olhos são surpreendidos e impressionados pela novidade de um objeto, como de um livro curto, de uma aranha que prende moscas em sua teia[30] e de vários outros acontecimentos semelhantes:[31] o quanto o nosso espírito é tocado e arrastado com violência por estas coisas?

petites ; mais il s'y passe ce qui se passe dans les grandes; la curiosité avec laquelle on regarde une mouche, & celle avec laquelle on considere un Elephant, étant un effet & un symptôme de la même maladie.

Mais cette passion se glisse encore jusques dans les choses sacrées, & se couvre du voile de la Religion. C'est elle qui nous porte à inventer avec tant de soin, ou à contempler avec tant d'ardeur toutes ces nouveautez dans la structure des Eglises, dans la pompe des cérémonies, & dans toutes ces autres choses extraordinaires & affectées, qui font assez voir qu'elles naissent de cette maladie, quoi que couvertes d'un prétexte de piété, puis qu'elles sont d'autant plus agréables, qu'elles sont plus rares & plus surprenantes.

Et cette envie que nous avons d'entendre ou de dire des nouvelles, ne témoigne-t'elle pas assez clairement, par l'inquiétude dont elle trouble la tranquillité de nôtre esprit, de quelle source elle tire son origine. Car pourquoi nous autres qui sommes particuliers & qui ne sommes point mêlez dans le Gouvernement de l'état, nous mettrons-nous en peine de sçavoir ce qui se fait en Asie; quelles entreprises forme la France; & quelle Princesse le Roi de Pologne veut épouser? Et enfin quel besoin avons-nous d'être informez de tout ce qui se passe au-dedans, ou au-dehors de nôtre païs, sur la terre, ou sur la mer?

Que si l'exercice d'un ministere public demande que l'on soit instruit de toutes les nouvelles qui arrivent, ce n'est pas alors un vain desir de sçavoir, mais une juste obligation de faire sa charge.

Car en tout ceci la régle de la vie Chrétienne, est de ne pas changer en une mauvaise & superfluë curiosité, le soin d'aprendre & de connoître ce que l'on ignore; mais de s'en servir pour la nécessité que l'on a d'aprouver, ou d'improuver les choses, afin d'être instruits de ce que nous devons recher-

Sei que estas coisas são pequenas, porém, nelas acontece o que acontece nas coisas grandes: a curiosidade com a qual olhamos uma mosca e aquela com a qual consideramos um elefante sendo um efeito e um sintoma da mesma doença.

Mas esta paixão ainda passa furtivamente até dentro das coisas sagradas e cobre-se com o véu da religião. É ela que nos leva a inventar com tanto cuidado, ou a contemplar com tanto ardor, todas estas novidades dentro da estrutura das igrejas, na pompa das cerimônias e em todas as outras coisas extraordinárias e impressionantes que fazem ver suficientemente que elas nascem desta doença, embora cobertas de um pretexto de piedade, já que são tão agradáveis quanto são mais raras e mais surpreendentes.

E este desejo que nós temos de escutar ou de dizer novidades, não testemunha com suficiente clareza, pela inquietude com a qual engana a tranquilidade de nosso espírito, de qual fonte se origina? Pois por que nós, que somos particulares e não estamos de modo algum misturados com o governo do Estado, colocamo-nos em dificuldade para saber aquilo que acontece na Ásia, quais companhias compõem a França e qual princesa o rei da Polônia quer esposar? Enfim, qual a necessidade que temos de ser informados de tudo aquilo que se passa dentro e fora de nosso país, ou sobre a terra, ou sobre o mar?

Se o exercício de um ministério público demanda que sejamos instruídos de todas as novidades que acontecem, então isto não é um vão desejo de saber, mas uma justa obrigação de realizar seu encargo.

Pois, em tudo isto, a regra da vida cristã é não mudar em uma má e supérflua curiosidade o cuidado de aprender e conhecer aquilo que ignoramos, mas dele nos servir pela necessidade que temos de aprovar ou

cher, ou fuïr, pour vivre Chrétiennement, & nous aquiter de nôtre devoir.

Que si cette passion inquiéte nous fait passer ces bornes, qui sont celles de la sagesse & de la modération de l'esprit, doit-on trouver étrange, si lors que nous sommes revenus à nous-mêmes, & que nous nous élevons pour contempler cette beauté incomparable de la vérité éternelle où réside la connoissance certaine & salutaire de toutes les choses, cette multitude d'images & de phantômes, dont la vanité a rempli nôtre esprit & nôtre cœur, nous attaque & nous porte en bas, & semble comme nous dire, où allez-vous, étants couverts de taches, & si indignes de vous approcher de Dieu? où allez-vous? Et ainsi nous sommes punis justement dans la solitude des pechez que nous avons commis dans le commerce du monde.

III. PARTIE.

De l'Orgüeil.

NOTRE esprit étant purifié, en surmontant ces deux passions, sa propre victoire en fera naître une troisiéme, (a) que l'Apôtre nomme *l'orgüeil de la vie*; & qui est plus trompeuse & plus redoutable qu'aucune des autres. Parce que lors que l'homme se réjoüit d'avoir surmonté ces deux premiers ennemis de la vertu, ou même cette derniere passion, elle s'éleve de la joye qu'il a de cette victoire, & lui dit, Pourquoi triomphes-tu ? je vis encore ; & je vis encore parce que tu triomphes. Ce qui vient de ce que l'homme se plaît à triompher d'elle avant le tems, comme s'il l'avoit déja tout-à-fait vaincuë, au lieu qu'il n'y a que la seule lumiere du Midy de l'Eternité qui puisse dissiper ses dernieres ombres.

Il n'est pas croyable combien les ames vertueuses of-

(a) 1. *Joan.* 2.

desaprovar as coisas, a fim de estarmos instruídos daquilo que devemos buscar, ou fugir, para viver como cristãos e cumprir nosso dever.

Se essa paixão inquieta nos faz ultrapassar estes limites, que são aqueles da sabedoria e da moderação do espírito, devemos achar estranho se, quando voltamos a nós mesmos e elevamo-nos para contemplar esta beleza incomparável da verdade eterna, onde reside o conhecimento certo e salutar de todas as coisas, esta variedade de imagens e ilusões, cuja vaidade preencheu nosso espírito e nosso coração, ataca-nos e leva-nos para baixo, parecendo nos dizer: aonde vais, estando cobertos de tarefas e tão indignos de vos aproximar de Deus? Aonde vais? E assim somos punidos justamente na solidão dos pecados que cometemos na relação com o mundo.

III PARTE – DO ORGULHO

Tendo sido purificado nosso espírito, superando estas duas paixões, sua própria vitória fará nascer uma terceira,[32] que o Apóstolo nomeia *orgulho da vida* e que é mais enganosa e mais temível que todas as outras. Porque quando o homem se rejubila de ter superado aquelas duas primeiras inimigas da virtude, ou mesmo esta última paixão, outra eleva-se da alegria que temos desta vitória e lhe diz: por que triunfas? Eu ainda vivo, e vivo porque tu triunfas. Isto acontece pelo fato de o homem comprazer-se em triunfar antes do tempo, como se a tivesse vencido plenamente, ao passo que não há nada que possa dissipar suas[33] últimas sombras senão a luz do dia[34] da eternidade.

Não é crível o quanto as almas virtuosas oferecem de lágrimas, gemidos e preces a Deus, e quanto imploram a assistência da graça e

frent de larmes, de gémissemens, & de prieres à Dieu; & combien elles implorent l'assistance de sa grace, & le soûtien de sa main puissante, pour pouvoir dompter & comme fouler aux pieds cette bête furieuse.

Car cette parole de S. Augustin est très-véritable, (a) *que le vice qui le premier a vaincu l'ame, est le dernier dont elle demeure victorieuse; & que le desordre dans lequel elle est tombée, lors qu'elle s'est éloignée de*

(a) *Enar. In. Ps. 7. & Expos. 1. in Psal. 28.*

Dieu, est le dernier qu'elle quitte lors qu'elle retourne à lui.

La raison de cela est, qu'il y a un desir d'indépendance gravé dans le fonds de l'ame, & caché dans les replis les plus cachez de la volonté, par lequel elle se plaît à n'être qu'à soi, & à n'être point soumise à un autre, non pas même à Dieu.

Si nous n'avions point cette inclination, nous n'aurions point de difficulté à accomplir ses commandemens; & l'homme eût rejetté sans peine ce desir d'indépendance lors qu'il le conçût la premiere fois. Etant visible qu'il n'a desiré autre chose dans son peché, sinon de n'être plus dominé de personne, puisque la seule défense de Dieu, qui avoit la domination sur lui, devoit l'empêcher de commettre le crime qu'il a commis.

Que s'il eût bien considéré cette défense, il n'auroit considéré que la volonté de Dieu; il n'auroit aimé que la volonté de Dieu: il n'auroit suivi que la volonté de Dieu, & l'auroit préférée à celle de l'homme.

Mais l'esprit humain s'éloignant de cette sagesse, de cette verité, & de cette volonté immuable, à l'empire & à la conduite de laquelle il est naturellement soûmis, a voulu ne dépendre plus que de soi, & ne reconnoître plus cette volonté souveraine & éternelle pour la régle de la sienne : mais régner par soi-même sur soi-même, & se gouverner par sa propre autorité, au lieu de demeurer soûmis à celle de Dieu. Ce qui certes étoit le comble de l'orgüeil & de l'insolence.

Et

o sustento da sua mão potente, a fim de poder domar e calcar aos pés desta besta furiosa.[35]

Porque esta palavra de Santo Agostinho é muito verdadeira: *O primeiro vício a vencer a alma é o último sobre o qual ela se faz vitoriosa*;[36] e *a desordem, na qual a alma caiu quando distanciou-se de Deus, é a última a ser abandonada quando ela retornar a ele.*[37]

A razão disto é que há um desejo de independência gravado no fundo da alma e escondido nos recônditos mais ocultos da vontade, pelo qual ela se compraz de só existir para si e não estar submetida a nenhum outro, nem mesmo a Deus.

Se não tivéssemos de modo algum esta inclinação, não teríamos dificuldade alguma para cumprir seus mandamentos e o homem teria rejeitado sem dificuldade este desejo de independência quando o conheceu pela primeira vez. Sendo visível que ele não desejou outra coisa ao pecar exceto não ser mais dominado por ninguém, já que a única proibição de Deus, que tinha a dominação sobre ele, devia impedi-lo de cometer o crime que cometeu.

Se o homem tivesse considerado de modo conveniente esta proibição, não teria considerado senão a vontade de Deus, não teria amado senão a vontade de Deus: só teria seguido a vontade de Deus e a teria preferido àquela do homem.

Mas o espírito humano, distanciando-se desta sabedoria, desta verdade e desta vontade imutável, em direção ao império e à conduta da qual ele é naturalmente submisso, não quis depender mais de ninguém além de si mesmo e não reconhecer mais esta vontade soberana e eterna como regra da sua: mas reinar por si mesmo, sobre si mesmo e governar-se por sua própria autoridade, em vez de continuar submisso a Deus, o que certamente era o cúmulo do orgulho e da insolência.

(Et c'est pourquoi il étoit impossible qu'ayant voulu élever sa volonté propre au-dessus de la volonté & de la puissance d'un supérieur aussi grand qu'étoit le sien, cette propre volonté venant comme à tomber sur lui, ne l'accablât sous le poids de sa chûte, & sous la pesanteur de ses ruïnes. Et de-là il est arrivé, par une juste punition d'une telle desobéïssance, que l'homme a maintenant de la peine à se soûmettre à la volonté Divine, c'est-à-dire, à obéïr à la justice. Et on ne

sçauroit se convertir à la justice si ce défaut n'est surmonté par l'assistance de la grace; ni joüir de la paix que la justice apporte avec elle, si l'on n'en est guéri par l'opération de la même grace. Ainsi à mesure que nôtre volonté propre diminuë par le progrès que l'on fait dans la vertu, on desire de dépendre plûtôt d'un autre, que d'être maître de soi-même; & d'être plûtôt gouverné par la vérité & par la volonté de Dieu, que par sa propre puissance.

Car nul Saint, d'autant plus qu'il a de sainteté en cette vie, ne se réjoüit de cette propre puissance; mais seulement de celle de Dieu qui lui donne le pouvoir de faire tout le bien, jusqu'à ce qu'il arrive à cette santé dont l'ame joüira dans la vie future, où personne n'aimera plus sa propre puissance, ni sa propre volonté; mais où la puissance immuable de la vérité & de la sagesse; c'est-à-dire, Dieu même sera tout en tous.

Ainsi cette playe peut bien

se fermer & se guérir en partie avant ce tems. Mais elle ne peut être guérie tout-à-fait que par un miracle extraordinaire de celui, qui comme Dieu & comme Sauveur du monde, a eu une humilité aussi infinie que sa puissance: Tant ce dard, dont le Diable perça le cœur de nôtre premier Pere, lors qu'il lui dit: (a) *Vous serez comme des Dieux*, a penetré dans le nôtre, & a laissé sa pointe & son fer dans le fonds de nos moüelles & de nos entrailles.)

(a) *Gen.* 3.

Pois era impossível que, tendo desejado elevar sua própria vontade acima da vontade e da potência de um superior tão grande como o seu, esta vontade própria, vindo a cair sobre ele, não o abateu sob o peso da queda e sob o peso de sua ruína. E disto decorre, por uma justa punição de tal desobediência, que o homem agora tem dificuldade de submeter-se à vontade divina, isto é, de obedecer à justiça. E não saberia voltar-se para a justiça, se este defeito não fosse superado pela assistência da graça, nem gozar da paz que a justiça carrega consigo, se não fosse curado deste defeito pela operação da mesma graça. Assim, à medida que nossa vontade própria diminui pelo progresso que fazemos dentro da virtude, antes desejamos depender de um outro ser, em vez de sermos mestres de nós mesmos, e desejamos ser antes governados pela verdade e pela vontade de Deus, em vez de o sermos por nosso próprio poder.

Porque nenhum santo, por mais santidade que tenha nesta vida, se rejubila com sua própria potência, mas somente com a de Deus que lhe dá o poder de fazer todo o bem, até mesmo para chegar àquela saúde cuja alma gozará em sua vida futura, onde ninguém amará mais sua própria potência, nem sua própria vontade, mas onde a potência imutável da verdade e da sabedoria, isto é, Deus mesmo, será tudo em todos.

Assim, esta chaga pode bem firmar-se e curar-se parcialmente antes deste tempo, mas não pode ser curada plenamente senão por um milagre extraordinário daquele que, como Deus e como Salvador do mundo, teve uma humildade tão infinita quanto sua potência, ao passo que aquele dardo, através do qual o diabo perfurou o coração de nosso primeiro pai, quando lhe disse: *Sereis como deuses*,[38] penetrou em nós, deixando sua ponta e seu ferro no fundo de nossa medula e entranhas.

C'est une qualité propre à Dieu, & incommunicable à tout autre qu'à lui seul, d'être maître de soi-même, de n'avoir point d'autre régle que sa volonté, & de se gouverner par les seules loix de son pouvoir absolu & souverain. Et il est aussi juste comme il est nécessaire, que celui qui n'est dominé de personne, domine par sa toute-puissance sur toutes les créatures.

Mais cette premiere playe du peché qui a blessé le premier homme, & l'a rendu comme un esclave fugitif de devant la face de son Maître, lui a imprimé dans toutes ses affections une ardente passion d'imiter cette souveraineté de Dieu, & cette éminence de son être; & d'en tracer une image ténébreuse dans ses crimes & dans ses desordres, soit qu'il peche étant seul, soit qu'il peche étant avec d'autres. Et ainsi l'on voit dans la vie de tous les hommes quel étoit le dessein du premier homme, lors qu'il se retira de l'obéïssance qu'il devoit à Dieu; les actions des enfans portans toutes les marques de la faute de leur pere.

Et comme les Romains, qui ont été une branche de cette souche, voulurent délivrer leur patrie, c'est-à-dire, se délivrer eux-mêmes, de la domination de leurs premiers Rois; & ensuite se rendre maîtres des autres Peuples, n'estimants rien si honteux que d'obéïr, ni rien si glorieux que de commander: De même tous les hommes en général ayant secoüé le joug de cette vérité, & de cette volonté toute puissante, se plaisent d'abord à être maîtres d'eux-mêmes; & chacun d'eux desire ensuite, s'il est possible, d'être seul maître de tous les autres. Ainsi l'homme violant toutes les régles de la raison & de la nature, veut imiter la toute-puissance Divine; *& au lieu qu'il n'y a que Dieu seul qui doive dominer sur toutes les ames, & dont la domination soit utile, & salutaire, à l'homme* (a), dit excellemment S. Augustin, *veut tenir la place de Dieu, tant pour soi, que pour les autres,*

(a) *Lib.* 83. Q. Q. *Quest.* 79.

É uma qualidade própria de Deus, incomunicável a qualquer outro senão a ele, ser senhor de si mesmo, não ter nenhuma outra regra senão a sua vontade e de governar-se somente pelas leis de seu poder absoluto e soberano. E é tão justo, quanto o é necessário, que aquele, que não é dominado por ninguém, domine por sua onipotência todas as criaturas.

Mas esta primeira chaga do pecado, que feriu o primeiro homem e o tornou como um escravo fugitivo diante da face de seu mestre, lhe imprimiu em todas as suas afecções uma ardente paixão de imitar esta soberania de Deus e eminência de seu ser; e, por esta paixão, assim traça uma imagem tenebrosa através dos seus crimes e desordens, caso venha a pecar, estando só ou acompanhado. Assim, vemos na vida de todos os homens qual era o desejo do primeiro homem, quando ele se afasta da obediência que devia a Deus, pois as ações das crianças carregam todas as marcas da falta de seu pai.

E assim como os romanos, que eram um galho deste tronco, quiseram libertar sua pátria, isto é, libertarem-se de si mesmos, da dominação de seus primeiros reis e, em seguida, tornarem-se senhores de outros povos, não considerando ser nada tão vergonhoso quanto obedecer, nem tão glorioso quanto comandar, do mesmo modo todos os homens em geral, tendo sacudido o jugo desta verdade e desta vontade onipotente, comprazem-se inicialmente de serem senhores de si mesmos e cada um deles deseja em seguida, se possível, ser o único[39] senhor de todos os outros. Assim o homem, violando todas as regras da razão e da natureza, quer imitar a onipotência Divina, *ao passo que somente Deus deve dominar sobre todas as almas, e cuja dominação é útil e salutar; o homem,*[40] diz Santo Agostinho, *quer tomar o lugar de Deus, tanto para si, quanto para os outros, o quanto lhe seja possível; ele ama*

autant qu'il lui est possible ; & il aime mieux régner sur soi-même, & sur autrui, que de laisser Dieu régner sur ses créatures.)

De-là vient que la passion de l'orgüeil, à laquelle toute la race des hommes a été abandonnée par une si juste punition, affecte l'unité qui est propre à Dieu, & nous porte à rechercher, ou de commander seuls à tous les autres, si tous le souffrent par l'humilité, ou par contrainte; ou au moins d'être plus élevez que tous les autres, si par un semblable or-

güeil ils ne veulent pas souffrir nôtre empire : Car nous ne pouvons endurer que Dieu seul domine sur nous, & sur tous les autres ; mais nous voulons dominer sur les autres, au lieu de Dieu : Tant il est vrai ce que dit S. Augustin : (a) *que l'Homme ne recherche rien avec plus de passion que la puissance & l'autorité.*

Mais comme il n'y a point de plus grande puissance en l'homme que celle que les vertus véritables établissent

(a) *Tract. 43. in Joan.*

dans l'esprit, ceux qui ont parfaitement appris, par l'étude, ou par l'expérience, combien il y a de degrez par lesquels on surmonte les vices, reconnoissent aisément que le vice de l'orgüeil est le plus redoutable de tous, & quasi le seul redoutable aux ames parfaites ; leur étant d'autant plus dangereux, qu'ils sçavent y avoir en eux plus de qualitez capables de les porter à se plaire dans la vûë d'eux-mêmes.

Car n'y ayant rien parmi les créatures de si excellent

que l'ame raisonnable; c'est une suite comme naturelle que l'ame, qui est pure, plaise davantage à elle-même que toutes les autres créatures.

Or il seroit besoin d'un long discours, pour montrer combien il lui est périlleux & pernicieux, de se plaire à soi-même, & de tomber ainsi dans cette enflûre de la vanité, qui la rend malade, jusques à ce qu'elle jouïsse dans le Ciel de la vûë de ce bien souverain & immuable, par la comparaison duquel elle

mais reinar sobre si mesmo e sobre o outro, do que deixar Deus reinar sobre as criaturas.[41]

Do que foi dito,[42] decorre então que a paixão do orgulho, à qual toda a raça dos homens foi abandonada por uma tão justa punição,[43] afeta a unidade que é própria de Deus, e nos leva a investigar, ou somente ordenar aos outros que investiguem, se todos o[44] sofrem por humildade, ou por constrangimento,[45] ou ao menos investiguem, por serem mais elevados que todos os outros, se por um semelhante orgulho não querem sofrer dominação de nossa parte.[46] Porque não podemos suportar que Deus sozinho domine a nós e a todos os outros, mas queremos dominar os outros, ocupando o lugar de Deus. Tanto é verdadeiro aquilo que diz Santo Agostinho: *Que o homem não busca nada com mais paixão do que o poder e a autoridade.*[47] Porém, visto que não haja nenhuma tão grandiosa potência no homem, a não ser aquela que as virtudes verdadeiras estabeleceram no espírito, os que apreenderam perfeitamente, pelo estudo, ou pela experiência, quantos graus[48] existem pelos quais superamos os vícios, reconhecem simplesmente que o vício do orgulho é o mais temível de todos, e praticamente o único temível às almas perfeitas, lhes sendo tão mais perigoso quanto sabem que o orgulho tem mais qualidades capazes de conduzi-las a uma visão agradável de si mesmas.

Não havendo, pois, entre as criaturas, nada de tão excelente quanto a alma racional, é uma consequência natural que a alma, que é pura, agrade mais a ela mesma do que as outras criaturas.

Ora, seria necessário um longo discurso para mostrar quanto lhe é arriscado e pernicioso agradar a si mesmo e, assim, cair naquela presunção da vaidade, que torna a alma doente, até naquilo que ela desfruta no céu, na visão daquele bem soberano e imutável, em comparação com o

se méprisera elle-même; par l'amour duquel elle ne s'aimera plus elle-même ; & de l'esprit duquel elle sera tellement remplie, qu'elle le préferera à soi-même, non-seulement par la raison humaine, mais par un amour divin, & un amour éternel.

Ces sentiments entrent dans l'esprit de celui qui revient à soi, lors qu'il se sent pressé de la faim, & qu'il dit dans son cœur ; (a) *il faut que je me leve, & que j'aille trouver mon Pere*, ne trouvant rien

(a) *Luc* 13.

qui lui soit si contraire dans ce retour, & qui lui ferme davantage la porte de la maison de son pere, que de s'enfler d'orgüeil & de vanité, par l'amour & l'estime de soi-même, & par la fausse opinion de grandeur que l'ame s'attribuë lors qu'elle ne joüit pas seulement de la santé.

De-là vient que l'humilité est si honorée dans la cité de nôtre Dieu, & si recommandée à ses citoyens, qui sont étrangers sur la terre ; & qu'elle est encore si célebre

par l'exemple de son Roy qui est le modelle de toute sorte de réformation.

De-là vient que tous les crimes des Méchans, & tous les pechez des Bons, soit d'ignorance, soit de connoissance, sont ou la peine ou le remede de l'orgüeil.

Ce qui est si vrai, que le Diable n'eût pas fait tomber l'Homme dans cette faute si visible & si apparente, & dans cette action extérieure, par laquelle il viola le commandement de Dieu, si l'orgüeil ne l'eût point fait entrer au-

paravant dans l'estime de soi-même.

Ce fut ce mouvement qui lui fit trouver cette parole, (a) *vous serez comme des Dieux*, si douce & si agréable ; étant très-vrai, selon l'Ecriture, (b) que l'orgüeil précede la chûte; & que l'ame s'éleve avant qu'elle tombe.

Or cette chûte, & cette ruïne, qui se fait au-dedans par l'orgüeil, précede celle qui se fait au-dehors, lors que l'homme ne s'apperçoit pas qu'il est déja tombé par

(a) *Gen.* 3. (b) *Prov.* 16.

qual a alma desprezará a si mesma, pelo amor do qual ela não mais amará a si mesma e por cujo espírito a alma será a tal ponto preenchida, que o preferirá em lugar de si mesma, não somente pela razão humana, mas por um amor divino e eterno.

Estes sentimentos entram no espírito daquele que volta a si, quando ele se sente acossado pela fome e diz em seu coração: *É preciso que eu me levante, tenho que encontrar meu pai*,[49] não encontrando nada que lhe seja tão contrário a este retorno e que lhe feche mais a porta da casa de seu pai do que inflar-se de orgulho e de vaidade pelo amor e estima de si mesmo e pela falsa opinião de grandeza que a alma atribui a si, quando não goza da santidade somente.

Disto provém que a humildade é tão honrada na cidade de nosso Deus e tão recomendada a seus cidadãos, estes que são estrangeiros sobre a terra; ela é ainda mais célebre pelo exemplo de seu rei, o qual é o modelo de qualquer sorte de reforma.

Assim, todos os crimes dos maus e todos os pecados dos bons, seja de ignorância, seja de conhecimento, são ou a pena ou o remédio do orgulho.[50]

Isso é tão verdadeiro que o diabo não teria feito o homem cair neste erro tão visível, tão aparente e tão exterior, pelo qual se viola o mandamento de Deus, se inicialmente o orgulho não tivesse entrado na estima de si mesmo.

Este foi aquele movimento que lhe fez encontrar aquela palavra, *vós sereis como deuses*,[51] tão doce e tão agradável, sendo verdadeiro, conforme a Escritura,[52] que o orgulho precede a queda e que a alma eleva-se[53] antes que caia.

Ora, esta queda e ruína que aconteceu interiormente pelo orgulho precede aquela que aconteceu exteriormente, quando o homem não

la premiere. Ainſi Dieu lui avoit défendu cette action extérieure, qui étant commiſe, ne pouvoit plus ſe couvrir d'aucune ombre de juſtice, comme l'orgueil a accoûtumé de faire; afin qu'il apprît, par la confuſion que lui donneroit ſon peché, combien il s'étoit trompé dans l'opinion avantageuſe qu'il avoit conçûë de ſoi-même.

C'eſt pourquoi il eſt utile à ceux qui ſont vains de tomber dans quelque peché public & viſible; afin que la honte de ce peché leur faſſe perdre cette bonne opinion d'eux-mêmes, qui les avoit déja fait tomber avant que leur chûte fût manifeſte.

Ainſi celui qui diſoit (a) *dans ſon abondance, je ne ſerai jamais ébranlé*, fut guéri par ce remede terrible qu'il reçût de la main & de la miſéricorde de Dieu. Et ayant éprouvé le mal que lui avoit cauſé la préſomption qu'il avoit eûë de ſa propre force; & le bien que la grace de Dieu lui avoit apporté, il

(a) Pſal. 29.

dit: (a) *Seigneur vôtre grace & vôtre volonté étoit le ſoûtien de ma force & de ma gloire. Vous avez détourné vôtre viſage de moi, & auſſi-tôt je ſuis tombé dans le trouble.* Dieu avoit retiré de lui, pour un peu de tems, ce qui lui donnoit de l'amour propre, afin qu'il ſçût que ces dons & ces faveurs venoient du Ciel, & non de lui-même; & qu'il apprît à n'en avoir plus de vanité.

C'eſt ainſi que Dieu guérit cette enflûre de l'orgueil,

(a) Pſal. 29.

lors qu'il exerce ſa miſéricorde vers une perſonne, & qu'il lui donne le moyen de ſe relever, afin que l'ame, qui avant ſa chûte n'avoit pas voulu, comme elle devoit, mettre toute ſa confiance en la ſeule grace de Dieu, revienne à lui après cette épreuve de ſa foibleſſe, & s'attache à ſon ſervice avec plus de conſtance & d'humilité.

C'eſt pour cela auſſi que Dieu permet que ceux mêmes qui tâchent de le ſervir humblement, n'ont pas toûjours le pouvoir d'entre-

percebeu que já tinha caído pela queda interior. Assim, Deus lhe tinha proibido aquela ação exterior, que, sendo cometida, não podia mais cobrir-se de nenhuma sombra de justiça, como o orgulho acostumou fazer, a fim de que ele aprendesse, pela desordem que lhe causaria seu pecado, quanto estava enganado da opinião vantajosa que tinha concebido de si mesmo.

Isto porque é útil, àqueles que são vãos, cair em qualquer pecado público e visível, a fim de que a vergonha deste pecado lhes faça perder esta boa opinião deles mesmos, que já os tinha feito cair antes que sua queda fosse manifesta.

Assim, aquele que dizia *em sua abundância eu jamais serei abalado*,[54] foi curado por aquele remédio terrível, que recebeu da mão e da misericórdia de Deus. E, tendo experimentando o mal, que lhe havia causado a presunção que teve de sua própria força, e o bem que a graça de Deus lhe concedeu, disse: *Senhor, vossa graça e vossa vontade eram o sustento de minha força e de minha glória. Vós tendes desviado vossa face de mim e imediatamente caí no engano.*[55] Deus tinha retirado dele, por pouco tempo, aquilo que lhe causava o amor próprio, a fim de que soubesse que estes dons e estes favores vinham do céu, não dele mesmo, a fim de que aprendesse a não ter mais vaidade.

É assim que Deus cura aquela presunção do orgulho, quando exerce sua misericórdia na direção de uma pessoa, e lhe dá o meio de levantar-se, a fim de que a alma, que antes da queda não tinha desejado, como devia, colocar toda a sua confiança unicamente na graça de Deus, volte a ele depois desta prova de sua fraqueza e ligue-se a seu serviço com mais confiança e humildade.

É por isso também que Deus permite àqueles que se esforçam para servi-lo humildemente que não tenham sempre o poder de executar, fazer

D'UN S. EVESQUE. 93
prendre, de faire, ou d'accomplir une bonne œuvre; mais se trouvent tantôt dans la lumiere, & tantôt dans les ténebres; tantôt dans le plaisir, & tantôt dans le dégoût; tantôt dans l'ardeur, & tantôt dans le refroidissement; afin qu'ils sçachent que la connoissance & la force qu'ils ont dans les actions vertueuses, n'est pas un effet de leur propre puissance; mais un don de la libéralité de Dieu; & que par cette vissicitude du trouble & du calme de leur esprit, ils se

94 DISCOURS
guérissent de la maladie de la vaine gloire.

C'est pour cela aussi que Dieu, qui est infiniment bon, ne donne pas quelquefois à ses Saints mêmes, ou une connoissance certaine, où ce plaisir victorieux de tous les autres, & qui est nécessaire pour entreprendre une bonne œuvre; afin de leur faire connoître par cette épreuve que la lumiere & la douceur de l'influence qui rend leur terre féconde en excellents fruits, vient du Ciel, & non pas d'eux-mêmes.

D'UN S. EVESQUE. 95
Et enfin (c'est pour cela que quelquefois il differe tant à guérir ses Elûs mêmes de quelques défauts, quoiqu'ils lui demandent leur guérison avec des gémissements, des cris, & des larmes; & qu'il permet qu'ils tombent & se relevent durant le cours de plusieurs années, de peur que la trop grande facilité qu'ils auroient à bien vivre ne les corrompe, & qu'ils ne deviennent malades d'un mal plus caché & plus dangereux que celui qui les afflige.)

96 DISCOURS
(Car en ces rencontres le dessein de Dieu n'est pas de les perdre; mais de les rendre humbles. Il veut empêcher, que se voyant dans une pleine tranquillité, ils ne disent en leur cœur. (a) *Toutes ces actions sont l'ouvrage de nos mains, & de nôtre force; & non du Seigneur.*)

(Jugez par-là, je vous supplie, combien ce mal est pernicieux, puis qu'il a besoin d'un remede si funeste; & qu'ainsi que les Médecins chassent le poison par d'au-

(a) *Deut.* 32.

ou cumprir uma boa obra, porém, encontrando-se tanto na luz quanto nas trevas, no prazer ou no desgosto, no ardor ou no resfriamento, saibam que o conhecimento e a força que eles têm nas ações virtuosas não são um efeito de seu próprio poder, mas um dom da liberalidade de Deus, e que pela vicissitude perturbadora[56] e pela calma do espírito[57] eles se curem da doença da vã glória.

Também é por este motivo que Deus, que é infinitamente bom, por vezes não concede a seus santos seja um conhecimento certo, seja um prazer vitorioso de todos os outros, que é necessário para produzir uma boa obra, a fim de lhes fazer conhecer por esta prova que a luz e a doçura da influência, que torna sua terra fecunda em excelentes frutos, vêm do céu e não deles mesmos.

Enfim, é por isso que algumas vezes ele difere tanto para curar seus eleitos, mesmo de alguns defeitos, embora eles lhe peçam sua cura com gemidos, gritos e lágrimas. Ele permite que os eleitos caiam e se levantem durante o curso de vários anos, para que não ocorra que a demasiada facilidade que teriam para bem viver não os corrompa e não se tornem doentes de um mal mais escondido e mais perigoso que aquele que os aflige.

Porque nestas ocasiões o desejo de Deus não é de perdê-los, mas de torná-los humildes. Ele quer impedir que se vejam dentro de uma tranquilidade plena e digam em seu coração: *Todas estas ações são obras de nossas mãos e de nossa força, não do Senhor.*[58]

Por isso julgai, vos suplico, quanto este mal é pernicioso, já que ele tem necessidade de um remédio tão funesto[59] e que, do mesmo modo que os médicos expulsam o veneno por outros venenos, o pecado do orgulho não se cura senão por outros pecados.

tres poisons ; de même le peché de l'orguëil ne se guérit que par d'autres pechez.

C'est pour cela encore que le même Dieu, dont la bonté est infinie, ne veut pas étouffer cet aiguillon de la chair ; c'est-à-dire, ces desirs impurs & charnels, dans les hommes les plus saints, & qui ont triomphé de toutes les voluptez, dans les Apôtres mêmes, & dans le plus élevé des Apôtres, quoi qu'il l'en ait prié trois diverses fois ; mais le lui laisse jusques à la mort, parce que dans le

misérable état où sont réduits les hommes durant cette vie, il y a un ennemi encore plus redoutable qui est l'orguëil ; & que lors que l'on combat ces desirs de la chair, l'esprit reconnoît le péril qu'il court à toute heure ; au lieu qu'il s'enfleroit de vanité s'il étoit en paix & en repos, y étant sujet par son extrême foiblesse, jusques à ce que la fragilité humaine soit guérie si parfaitement, qu'elle ne puisse plus craindre de se corrompre par l'intempérance de l'es-

prit, ni de s'enfler par l'élevement du cœur : Ce qui ne peut être qu'en l'autre vie.

Cette conduite de Dieu a été figurée par un grand mystere dans le peuple Juif, à qui Dieu laissa quelques peuples des Cananéens qui lui firent long-tems la guerre, & qu'il ne dompta qu'avec beaucoup de tems & de peine.

Ce qui nous montre que lors que Dieu exerce sa miséricorde, il modére dans les cœurs de ses enfans les excès d'une trop grande félicité, afin de faire tourner à leur

profit les vices mêmes, & leurs pechez, non-seulement lors qu'ils les surmontent, mais aussi lors qu'ils les craignent, & qu'ils les commettent. Desorte qu'il les rend victorieux pour signaler la puissance de sa grace ; & permet quelquefois qu'ils soient vaincus pour réprimer leur orguëil ; sçachant qu'ils ne pourroient suporter saintement & avec modération la soudaine prosperité de leur victoire ; ou qu'ils établiroient dans leur propre force l'assûrance de la pouvoir acquérir.

É por isso também que Deus, cuja bondade é infinita, não quer reprimir este aguilhão da carne, isto é, aqueles desejos impuros e carnais dentro dos homens mais santos e que triunfaram de todas as volúpias, mesmo os apóstolos, e o mais elevado dos apóstolos, embora tenha rogado ser libertado deste aguilhão três vezes, mas foi deixado nele até a morte. De fato, no miserável estado onde estão reduzidos os homens durante esta vida, há um inimigo ainda mais temível, que é o orgulho. Quando, pois, combatemos estes desejos da carne, o espírito reconhece o perigo que corre a toda hora. Porém ele se infla de vaidade, quando está em paz e em repouso, a isto estando exposto por sua extrema fraqueza, até que aquela fragilidade humana seja tão perfeitamente curada que não possa mais temer corromper-se pela intemperança do espírito, nem inflar-se pela elevação do coração. E isso só pode acontecer na outra vida.

Esta conduta de Deus foi figurada[60] por um grande mistério presente no povo judeu contra quem Deus permitiu que uns poucos cananeus guerreassem, até que fossem dominados, depois de muito tempo e de muitas dificuldades.

Isto nos mostra que, quando Deus exerce sua misericórdia, modera dentro dos corações de seus filhos os excessos de uma grande felicidade, a fim de fazer voltar para seu proveito até mesmo os vícios e seus pecados, não somente quando os subjugam, mas também quando eles os temem e os cometem. De maneira que Deus torna seus filhos vitoriosos para fazer notar a potência de sua graça e permite, algumas vezes, que sejam vencidos para reprimir seu orgulho, sabendo que não poderiam suportar santamente e com moderação a repentina prosperidade de suas vitórias, ou que depositariam em suas próprias forças a certeza de poder adquiri-las.

Or les épreuves de leur foiblesse les tirent de cette erreur, parce que lors qu'ils sentent qu'ils ne peuvent avoir d'eux-mêmes ce qu'ils desirent d'avoir, & que par cette vaine confiance en leur propre vertu ils perdent même ce qu'ils avoient, ils aprennent par-là d'où ils tiennent tout ce qu'ils ont ; & cette reconnoissance les porte à ne se regarder plus, mais à regarder celui qui les tire des piéges & des embûches.

Car ce n'est pas sans un grand & profond secret de la sagesse divine, que la vie des justes mêmes est si pleine de tentations, est sujette à tant d'erreurs, est environnée de tant de piéges, est agitée de tant de périls, est assiégée de tant de peines, & est accablée de tant de pechez, dont nulle prudence humaine ne peut se garder, & que nulle industrie ni nulle force ne peut surmonter : Ce qui a fait dire à l'Apôtre, avec grande raison : (a) *Qu'à peine le juste sera sauvé.*

(a) I. *Petr.* 4.

Et pourquoi le juste même aura-t-il de la peine à se sauver ? Dieu a-t-il de la peine à sauver le juste ? où Dieu nous envie-t-il la facilité de nôtre salut ? Nullement : Pourquoi donc souffre-t-il qu'il soit si facile de pecher, & si difficile de bien vivre, qu'outre tout ce que je viens de dire, les plus justes mêmes ont besoin, durant leur vie, d'un continuél pardon des fautes qu'ils commettent continuellement ? Je sçai bien qu'il n'y a non plus d'injustice que d'impuissance en Dieu : Mais je sçai aussi (a) *que Dieu résiste aux superbes, & qu'il donne sa grace aux humbles* ; Dieu, quoi que tout-puissant, ne veut pas nous délivrer de tant de maux avec facilité, afin de dompter nôtre présomption, & nôtre audace. Ce n'est pas qu'il veüille nous ôter l'esperance de nous sauver ; mais il veut nous montrer combien la nature de l'homme a été justement condamnée à cause de son orgüeil : Il la laisse dans l'impuissance & dans la

(a) *Jacob.* 4.

Ora, as provas de suas fraquezas os tiram deste erro, porque quando eles sentem que não podem ter por si mesmos aquilo que desejariam ter, e que por esta vã confiança em sua própria virtude perdem mesmo aquilo que tinham, aprendem através disto de onde tinham tudo aquilo que têm, e este reconhecimento os leva a não se olharem[61] mais, mas olharem aquele que os tira das armadilhas e das emboscadas.

Já que não é sem um grande e profundo segredo da sabedoria divina que mesmo a vida dos justos é tão plena de tentações, sujeita a tantos erros, rodeada de tantas armadilhas, agitada com tantos perigos, importunada com tantas penas e sobrecarregada com tantos pecados, contra o que nenhuma prudência humana pode prevenir-se e nenhuma indústria, nem força, pode suportar, então isso fez o Apóstolo dizer, com grande razão: *Com dificuldade o justo será salvo*.[62]

E por qual razão o justo terá dificuldade para se salvar? Deus tem dificuldade para salvar o justo? Ou Deus nos envia a facilidade de nossa salvação? Nem uma, nem outra. Por que motivo, pois, ocorre de ser tão fácil de pecar e tão difícil de viver bem, de modo que, além de tudo aquilo que acabo de dizer, mesmo os mais justos tenham necessidade durante sua vida de um contínuo perdão das faltas que eles cometem ininterruptamente? Sei bem que não há maior injustiça do que atribuir a impotência[63] a Deus. Porém, sei também *que Deus resiste aos soberbos e que dá a graça aos humildes*;[64] Deus, embora onipotente, não quer livrar-nos de tantos males com facilidade, a fim de dominar nossa presunção e audácia. Não é que ele queira retirar nossa esperança de ser salvos, mas quer nos mostrar quanto a natureza do homem foi justamente condenada por causa do orgulho. Ele a deixou na impotência e na fraqueza, com o intuito de que, as forças humanas lhe faltando, a natureza seja

Discurso da Reforma do Homem Interior

foiblesse, afin que les forces humaines lui manquant, elle soit contrainte d'avoir recours à lui, comme à son unique libérateur ; qu'elle quitte cette confiance qu'elle a en soi-même touchant la suite des vices & la pratique des vertus, cette présomption qui lui est si naturelle, qui est si profondément enracinée dans toutes ses moüelles & dans tous ses os ; & qu'elle soit forcée de reconnoître le besoin qu'elle a du secours de son Sauveur, & d'implorer l'assistance de sa grace.

Dieu fait cela dans ses Elûs, tant par ses faveurs, que par ses punitions ; il leur persuade cette vérité, tant par l'ignorance où il les laisse, que par la science qu'il leur donne ; & il leur enseigne cette doctrine si salutaire, tant par les périls où ils se voyent exposez, & par les difficultez qu'ils ont à vaincre, que par les fautes & les pechez où ils tombent. Et il agit ainsi (à ce que j'en puis juger par la lumiere qu'il me donne) de peur que, selon la parole de l'Ecriture, ils ne sacrifient

à leurs propres rets pour se délivrer de tant d'ennemis ; & qu'ils ne se flâtent après leur délivrance, au lieu de rendre gloire à Dieu qui est leur unique Libérateur.

Ainsi Dieu les étonnant audehors par tant de difficultez ; les châtiant par tant de chûtes ; & les éclairant audedans par son esprit ; ils reconnoissent qu'il leur accorde la victoire sur le peché lors qu'ils n'ont point d'orgueïl ; qu'il la leur retarde & la leur rend difficile de peur qu'ils n'en ayent ; & qu'il la

leur refuse, lors qu'ils en ont, & à cause qu'ils en ont. La frayeur que leur causent les périls qu'ils courent, leur sert pour marcher avec plus de prudence sous la conduite de la grace : Le trouble & l'abattement que leur laissent les difficultez qu'ils sentent dans le combat, leur sert pour soûpirer vers la grace avec plus d'ardeur : Et la honte de se voir vaincus & terracez par le peché, leur sert pour retourner à la grace avec plus d'humilité & de connoissance : & enfin voyant

constrangida a ter que recorrer a ele, como a seu único libertador; que a natureza do homem deixe aquela confiança que tem em si mesma no que tange à fuga dos vícios e à prática das virtudes, esta presunção que lhe é tão natural e que está tão profundamente enraizada em todas as suas entranhas e em todos os seus ossos, e que seja forçada a reconhecer a necessidade que tem do socorro de seu Salvador e implorar a assistência de sua graça.

Deus fez isso em seus eleitos, tanto para favorecê-los quanto para puni-los; ele os convence desta verdade tanto pela ignorância, onde deixa-os, quanto pela ciência que lhes concede; e lhes ensina esta doutrina tão salutar, tanto pelo perigo onde eles se encontram expostos e as dificuldades que têm para vencer quanto pelas faltas e os pecados nos quais caem. E Deus age assim (isto que posso julgar pela luz que ele me dá) para evitar que, conforme a palavra da Escritura, os eleitos não sacrifiquem suas próprias redes para livrar-se de tantos inimigos; e que não se lisonjeiem depois de libertos, em vez de render glória a Deus, que é seu único libertador.

Assim Deus os assombra exteriormente por tantas dificuldades, os castiga por tantas quedas e os esclarece internamente por seu espírito, e os eleitos reconhecerão que Deus lhes concede a vitória sobre o pecado quando eles não têm nenhum orgulho, retardando-lhes a vitória e tornando-a difícil a fim de evitar que eles não a tenham, e não lhes admite a vitória quando eles a têm, isso porque os eleitos têm.[65]

O pavor que lhes causam os perigos que correm serve para marchar com mais prudência sob a conduta da graça. O engano e o abatimento que lhes deixam as dificuldades que sentem no combate lhes servem para aspirar com mais ardor em direção à graça. E a vergonha de ver-se vencidos e aterrados pelo pecado lhes serve para voltar à graça com mais

voyant que leur propre force, pour fuïr le mal & pour acquérir le bien & le conserver, n'est que foiblesse, & que ce fondement de leur vaine confiance est ruiné de toutes parts ; ils ne sont plus orgueilleux comme auparavant, & ils se guérissent peu-à-peu de cette maladie de l'ame ; afin qu'au moins après toutes ces épreuves (a) *celui qui se glorifie, ne se glorifie plus qu'au Seigneur.*

Après cela qui ne loüera la grandeur de la sagesse divi-

(a) 1. *Cor.* 1.

ne ; qui n'abandonnera tous les momens de sa vie & de sa mort, tout le progrès & tout le retardement de la réformation de ses mœurs, à une bonté si soigneuse de nôtre salut, & si prodigue de ses faveurs ; à un Dieu qui se presente pour nous secourir, lors que nous croyons qu'il nous ait entierement abandonnez ; & qui nous donne des remedes d'autant plus souverains, qu'ils sont plus cachez & plus invisibles, lors que nous desesperons de son assistance ?

Ces détours & ces artifices dont Dieu se sert pour nous sauver, ne sont-ils pas merveilleux ? & n'est-ce pas ce que ressentoit le Prophête, lors que troublé par ces sortes de combats, & comme lassé & ennuyé de ces exercices penibles, il s'écrie tout-d'un-coup : (a) *Mais Seigneur, jusqu'à quand ?* Qu'est-ce à dire, jusques à quand, demande S. Augustin ? Et il introduit Dieu, qui répond : (b) *Jusques à ce que vous ayez*

(a) *Psal.* 6.
(b) *Serm.* 3. *de Verb. Apost. cap.* 7.

éprouvé que c'est de moi seul de qui vous devez attendre toute vôtre assistance : Car si je vous la donnois plûtôt, vous ne sentiriez pas le travail & la peine du combat ; & si vous ne les sentiez pas, vous vous appuyeriez avec vanité sur vos propres forces ; & cette vanité vous empêcheroit de remporter la victoire. Il est écrit pourtant, *Vous n'aurez pas encore achevé de m'invoquer que je viendrai, & vous dirai, Me voici prêt de vous secourir.* Mais Dieu ne laisse pas de nous secourir lors qu'il differe de nous secourir ; *Le re-*

humildade e conhecimento. Enfim, vendo que suas próprias forças, para fugir do mal, adquirir o bem e conservá-lo, não são senão fraqueza, e que este fundamento de sua vã confiança está arruinado por todas as partes, eles não são mais orgulhosos como inicialmente e curam-se pouco a pouco desta doença da alma, a fim de que depois de todas estas provas *aquele que se gloria não se glorie senão no Senhor*.[66]

Depois disto, quem não louvará a grandeza da sabedoria divina, quem não abandonará todos os momentos de sua vida e de sua morte, todo o progresso e todo retardamento da reforma dos seus costumes, por uma bondade tão cuidadosa de nossa salvação e tão pródiga de seus favores, por um Deus que se apresenta para nos socorrer, quando acreditávamos que ele nos tinha abandonado totalmente; e quem nos concede remédios tão notáveis, quanto mais o são escondidos e invisíveis, quando perdemos a esperança de sua assistência?

Estes desvios e artifícios de que Deus se serve para salvar-nos não são maravilhosos? E não *era* isso o que *sentia* o profeta quando confundido por estes fortes combates, abandonado e fatigado por estes exercícios penosos, exclama com uma só voz: *Mas, Senhor, até quando?* [67] O que significa "até quando"?, pergunta Santo Agostinho. E apresenta Deus, que responde: *Até que tenhais experimentado que é somente de mim que deveis esperar toda vossa assistência. Porque se a concedo a vós antecipadamente, não sentireis o trabalho e a pena do combate; se não os sentísseis, apoiar-vos-íeis com vaidade sobre vossas próprias forças e esta vaidade impedir-vos-ia de alcançar a vitória. Contudo, está escrito, não tereis acabado de me invocar e eu virei e vos direi: Eis-me aqui pronto para vos socorrer. Porém, Deus não deixa de nos socorrer quando adia o socorro. O retardamento de seu socorro é um socorro: é ao suspender a sua*

tardement de son secours est un secours : & suspendant son assistance, c'est en cela même qu'il nous assiste ; puis que s'il accomplissoit nos desirs précipitez, nous ne pourrions recevoir de lui une santé si parfaite & si accomplie.

CONCLUSION.

QUe ces véritez vous servent de consolation dans vos travaux, généreux Athletes de Jesus. Et si dans cette guerre que vous avez déclarée à toutes les passions de l'ame (desquelles je vous ai-peut-être entretenus trop long-tems) vous sentez une division & une révolte dans vôtre esprit; Si vous-mêmes résistez à vous-mêmes ; & si cette résistance vous empêche de vaincre cet ennemi que vous avez à combattre; c'est-à-dire vous-mêmes, & de le dompter aussi absolument que vous le souhaiteriez; Ne vous défiez pas pour cela de l'amour que Dieu vous porte; Que la douleur d'une blessûre que vous aurez reçûë dans ce combat ne vous fasse pas quitter l'épée ni le bouclier : Mais humiliez-vous devant Dieu ; & croyez que cette conduite de sa providence a été l'effet d'une insigne miséricorde qu'il exerce invisiblement sur vous, afin de vous guérir d'un autre mal plus secret & plus dangereux, & dont sans une faveur toute extraordinaire, & qui est aussi rare qu'elle est éminente, on ne se garantit que par les chûtes & par les pechez.

Guérissez-vous de l'orgüeil, (*a*) dit S. Augustin, & vous ne pecherez plus, parce que nous avons d'autant plus d'amour de Dieu, que nous avons moins d'orgüeil. Or l'amour de Dieu, qui est la charité, ne commet point de pechez, (*a*) *parce qu'il ne fait point de mal*, & il efface ceux qu'on a commis, parce (*b*) *qu'il couvre la multitude des pechez*. Mais tenez pour une maxime constante, que vous ne serez jamais délivrez de vos pechez, que lors que non-seulement vous sçaurez par la foi qui est commune à

(a) *Tract. 25. In Joan. Lib. 8. de Triv. c. 8.*

(a) 1. *Cor.* 13. (b) 1. *Petr.* 4.

assistência que ele nos auxilia, já que se ele cumprisse nossos desejos precipitadamente, não poderíamos receber dele uma santidade tão perfeita e tão completa.[68]

CONCLUSÃO

Que estas verdades vos sirvam de consolação em vossos trabalhos, generosos atletas de Jesus. E se nesta guerra que tendes declarado a todas as paixões da alma (das quais eu, talvez, vos tenha entretido por muito tempo) sentis uma divisão e uma revolta no espírito, se resistis a vós mesmos e se esta resistência vos impede de vencer este inimigo que tendes de combater, isto é, vós mesmos, de domá-lo tão absolutamente quanto o desejaríeis, não desprezeis para isto o amor de Deus que carregais. Que a dor de uma ferida que recebestes neste combate não vos faça abandonar a espada, nem o escudo, mas humilhai-vos diante de Deus, acreditai que esta conduta da providência foi o efeito de uma notável misericórdia que ele exerce invisivelmente sobre vós, a fim de vos curar de outro mal ainda mais secreto e perigoso, que sem um favor totalmente extraordinário e tão raro quanto eminente, o qual não se garante a não ser pelas quedas e pelos pecados.[69]

Curai-vos do orgulho,[70] e não pecareis mais, porque temos tanto mais amor por Deus quanto menos temos orgulho. Ora, o amor de Deus, que é a caridade, não comete pecado de modo algum, *porque não faz mal algum,*[71] e apaga aqueles que cometemos, porque *cobre a multidão de pecados.*[72] Mas tende como uma máxima constante que jamais estareis livres de vossos pecados, quando não somente sabereis pela fé que é comum a todos os católicos, ou pela doutrina que é própria

tous les Catholiques, où par la doctrine qui est propre aux Savans; mais que vous connoîtrez encore par expérience, & sentirez par de certains mouvemens d'amour qui procédent du cœur, cette vérité si importante, (a) *que c'est Dieu qui forme en nous, & la volonté d'agir, & l'accomplissement de l'action*; que nous ne pouvons rien penser de nous-mêmes comme de nous-mêmes, mais que tout nôtre pouvoir vient de Dieu; & que perdant ainsi toute la

(a) *Philip.* 2.

confiance que vous pourriez avoir en vos propres forces, vous n'espériez qu'en sa seule miséricorde, quoi que vous ne laissiez pas d'agir de toute vôtre puissance, & avec tous les efforts qui vous sont possibles.

Appuyez-vous sur le secours de celui dont vous avez éprouvé l'amour, par la vocation qu'il vous a donnée pour un Institut si excellent; & dans le dessein qu'il vous a inspiré d'établir si utilement une réforme intérieure & extérieure, courez avec allégresse pour emporter le prix de sa vocation éternelle.

Ne craignez point les langues de ceux qui traversent une entreprise si salutaire, plûtôt par passion que par jugement. Cet établissement est si saint, que s'ils ont assez d'injustice pour le décrier en secret, ils n'auront pas assez de hardiesse pour le blâmer ouvertement, de peur que la voix publique, qui est pour vous, ne s'éleve contre eux & ne les condamne. Continuez seulement comme vous avez si bien commencé. Vous vaincrez, par vôtre persévérance, ceux qui tâchent de vous vaincre par leurs oppositions & par leurs efforts. Ils ne résistent que tant qu'ils esperent que l'on leur pourra céder; & lors que vôtre immobile constance les aura vaincus, vous aurez pour panégyristes, & possible même pour imitateurs, ceux que vous avez maintenant pour envieux, & pour adversaires.

Consolez-vous par cette esperance; & ayez soin d'entretenir, & d'allumer toû-

dos doutos, mas que conhecereis ainda pela experiência e sentireis por alguns movimentos de amor que procedem do coração, esta verdade tão importante: *que é Deus quem forma em nós a vontade de agir e o cumprimento da ação;*[73] assim não podemos pensar nada de nós mesmos como proveniente de nós mesmos, mas que todo nosso poder vem de Deus, e que perdendo toda a confiança que poderíamos ter em nossas próprias forças, não esperaríamos senão em sua misericórdia, embora não deixássemos de agir com toda a nossa potência e com todos os esforços que nos são possíveis.

Apoiai-vos sobre o socorro daquele cujo amor tendes experimentado, pela vocação que ele vos deu por um instituto tão excelente e no desejo que vos inspirou de estabelecer tão utilmente uma reforma interior e exterior, correi com alegria para levar o preço de sua vocação eterna.

Não temais de modo algum as lágrimas daqueles que atravessam um empreendimento tão salutar, antes por paixão que por julgamento. Este estabelecimento é tão santo que, se eles forem injustos o bastante para descrevê-lo em segredo, não terão ousadia suficiente para censurá-lo abertamente, temendo que a voz pública, esta que existe para todos nós, se levante contra eles e os condene. Continuai somente como tendes tão bem começado. Vencereis, por vossa perseverança, aqueles que tomam a tarefa de vos vencer por suas oposições e por seus esforços. Eles só resistem enquanto esperam que lhes possamos ceder. Quando com vossa imóvel constância vierdes a vencê-los, tereis como panegiristas e possíveis imitadores aqueles que tendes agora como invejosos e adversários.

Consolai-vos por esta esperança; tende cuidado de alimentar e manter aceso sempre, mais e mais, dentro de vosso coração, aquele

jours de plus en plus dans vôtre cœur ce feu céleste qui vous embrase. Par ce moyen tous les vents & toutes les tempêtes que les médisances des hommes, ou la malice des Démons exciteront contre vous, serviront plûtôt à enflammer vôtre zéle qu'à l'éteindre.

Ayez donc bon courage; fortifiez-vous en nôtre Seigneur; préparez-vous à combattre les puissances de l'air, & vos propres passions; Dépoüillez le vieil homme; & en vous revêtaut du nouveau, réformez-vous par le renouvellement de vos esprits & de vos cœurs, qui est le seul but & la fin véritable de toute réforme, & de toute discipline.

Mais de peur que, selon la fragilité commune à tous les hommes, vôtre esprit ne se laisse abbattre dans une entreprise si difficile, en se voyant privé de cette fausse consolation que donnent les plaisirs & les vanitez du siécle; donnez à Dieu tout cet amour que vous avez retiré des choses du monde. Et puis que vous vous êtes consacrez à son service, rendez-le l'unique objet, & l'unique centre de toutes vos affections.

Vous ne sçauriez étouffer le desir des voluptez temporelles, si vous ne sentez un peu la douceur des éternelles. (a) *Goûtez, & voyez que le Seigneur est doux*, dit le Prophête. Si l'amour de Dieu brûle dans vos cœurs, & les remplit de cette douceur céleste, il consumera comme un feu toutes les peines & toutes les résistances que vous éprouverez en vous-mêmes; & vous surmonterez avec plaisir toutes sortes de difficultez: Car il n'y a rien de si dur, ni de si pénible que le feu de l'amour n'amolisse & ne surmonte. Lors que l'ame en est embrasée, & que cette flâme divine la ravit en Dieu; elle passe par-dessus tous les obstacles, soit intérieurs, soit extérieurs; elle s'affranchit des liens & de la tyrannie du corps; elle se détache de la chair & du sang; & libre de toutes les passions terrestres, elle vole avec les

(a) *Psal.* 33.

fogo celeste que vos abrasa. Por este meio todos os ventos e todas as tempestades, que as maledicências dos homens ou a malícia dos demônios excitarão contra vós, servirão mais que depressa para inflamar vosso zelo do que para extingui-lo.

Portanto, tende coragem, fortificai-vos em nosso Senhor, preparai-vos para combater as potências do ar e vossas próprias paixões, despojai-vos do velho homem e revesti-vos do novo, reformai-vos pela renovação de vosso espírito e coração, que é o único fim verdadeiro de toda reforma e de toda disciplina.

Mas por receio, conforme a fragilidade comum a todos os homens, que vosso espírito se deixe abater em um empreendimento tão difícil, vendo-se privado desta falsa consolação que concedem os prazeres e as vaidades do século, dai a Deus todo este amor que retirastes das coisas do mundo. E já que vós fostes consagrados a seu serviço, tornai-o o único objeto e único centro de todas as vossas afeições.

Não podereis apagar o desejo das volúpias temporais, se não sentis um pouco a doçura das eternas. *Provai e vede que o Senhor é bom*,[74] diz o profeta. Se o amor de Deus queima dentro de vossos corações e preenche-os desta doçura celeste, ele consumirá como um fogo todas as dificuldades e resistências que experimentais em vós mesmos, e supereis com prazer todas as formas de dificuldades. Porque não há nada de tão duro, nem de tão penoso, que o fogo do amor não amoleça e não supere. Quando a alma está abrasada e esta chama divina a extasia perante Deus, ela passa por cima de todos os obstáculos, sejam interiores, sejam exteriores, libertando-se das amarras da tirania do corpo, desligando-se da carne e do sangue e, livre de todas as paixões terrestres, voa com asas tão puras, cujo amor casto e invisível se serve para elevar-se até ao seio de Deus, até os

ailes si pures, dont l'amour chaste & invincible se sert, pour s'élever jusques dans le sein de Dieu, jusques dans les bras de cet Epoux immortel des ames saintes. Les Amants ne trouvent rien de pénible dans leurs peines ; & ne trouvent point de peines dans leur amour. Ou ils ne sentent point leurs travaux, ou s'ils les sentent, ils les aiment.

Animez-vous donc de zéle pour la grandeur de cette éternité qui brille là haut ; pour la certitude de cette ve-rité immuable, & pour le torrent de ces délices divines; & vous n'aurez plus que du dégoût & du mépris pour cet élevement funeste de la vaine gloire; pour ces desirs inquiets de la curiosité de sçavoir ; & pour ces attraits impurs de la volupté.

Vous trouverez en abregé, dans l'Amour Divin, tout ce que ces passions cherchent, & empruntent des créatures viles & périssables.

Car elles ne cherchent que la grandeur, la connoissance, & le plaisir; Et y a-t'il rien de si grand & de si sublime que cet Amour par lequel l'Ame, en dissipant les ténebres des choses créées, s'éleve dans cette lumiere si pure & si calme de l'éternité ; & en se soumettant à celui seul qui est le principe de la grandeur & de la gloire, regarde toutes les choses du monde avec mépris ; les considere comme étant au-dessous d'elle ; & les croit indignes de posseder ses affections? Y a-t'il rien de si intelligent & de si sage que cet Amour par lequel on n'aime que la vérité & la sagesse éternelle ? Et enfin y a-t'il rien de si délicieux que cet Amour par lequel la source même de tous les plaisirs se répand toute entiere dans nôtre cœur ? Ainsi vous arriverez enfin à un état si parfait, que ni vôtre élévation ne sera plus sujette à l'abaissement, ni vos connoissances à l'erreur, ni vos délices aux déplaisirs. Ce que je supplie celui dont l'être est l'éternité, dont la science est la vérité, & dont la joye est la charité, le Pere, le Fils, & le Saint-Esprit, de vous accorder par sa grace. Ainsi soit-il.

braços deste esposo imortal das almas santas. Os amantes não encontram nada de penoso nas suas penas e não encontram nenhuma pena no seu amor. Ou não sentem de modo algum seus trabalhos ou, se os sentem, eles os amam.

Portanto, animai-vos com zelo pela grandeza desta eternidade que brilha lá no alto, pela certeza desta verdade imutável e pela torrente destas delícias divinas, e não tereis senão desgosto e desprezo por aquela elevação funesta da glória vã, por aqueles desejos inquietos da curiosidade de saber e por aqueles atrativos impuros da volúpia.

Encontrareis, em resumo, no amor divino, tudo aquilo que estas paixões buscam, servindo-se das criaturas vis e perecíveis.[75]

Já que as almas só buscam a grandeza, o conhecimento e o prazer, acaso existe algo tão grande e sublime quanto este amor, por meio de que a alma, dissipando as trevas das coisas criadas, se eleva para esta luz tão pura e calma da eternidade, submetendo-se àquele que é o Princípio único da grandeza e da glória, pelo qual a alma olha todas as coisas do mundo com desprezo, considerando-as como se estivesse abaixo dele e julgando-as indignas de receber as suas afeições? E existe algo tão inteligente e tão sábio quanto este amor, pelo qual só se ama a verdade e a sabedoria eterna? E, enfim, há algo de tão agradável quanto este amor, pelo qual a fonte mesma de todos os prazeres difunde-se inteiramente em nosso coração? Assim chegareis, por fim, a um estado tão perfeito, que nem vossa elevação estará mais sujeita a abatimento, nem vosso conhecimento a erro, nem vossas delícias aos prazeres. Isso é o que suplico àquele cujo ser é a eternidade, cuja ciência é a verdade e cuja alegria é a caridade, o Pai, o Filho e o Espírito Santo, de conceder-vos por sua graça. Amém.

De la douleur qu'on doit ressentir sur les maux de l'Eglise. *

Illi viderunt mala quæ fiebant in populo, 1. Mac. 2. v. 6.

CEs paroles nous dévroient remplir de crainte: car quand Dieu ouvre les yeux d'une personne pour voir ce que tant de monde ne voit point, il atend d'elle des sentiments dignes de ce qu'elle voit.

Aprenons ce que nous devons faire, par ce que fit Matathias avec ses enfans, le sentiment qu'il eut des maux de son peuple, lui ôta le sentiment de ses propres maux & de ceux de sa maison; il

* Extrait des Traitez de piété de M. Ham. Tom. 1. Tr. 11.

alloit tout perdre; mais les maux de Jerusalem lui étant incomparablement plus sensibles, il ne ressentit que ceux-là; il dit *væ mihi*, malheur à moi dans le tems où il n'avoit encore rien souffert. Sa liberté particuliere lui eût été insuportable; il n'eut pû demeurer en paix, Jerusalem n'y étant pas; il auroit mieux aimé mourir que d'être le témoin de sa desolation, *quo nobis adhuc vivere.*

Qui aimeroit l'Eglise autant que Matathias aimoit Jerusalem, ressentiroit encore mieux ses maux qui sont bien d'une autre nature. Sans cet amour tout ce qu'on peut faire de meilleur n'est rien, puisque c'est vrayement vivre d'aimer l'Eglise & de la ser-

vir. *Nous ne subsistons que pour elle, toute nôtre force, toute nôtre vie vient de l'esprit qui l'anime; c'est donc un caractere de mort d'être insensible ou indifférent à ses maux.*

Souvenons-nous du mot de S. Bernard, * si vous connoissiez combien sont grands les devoirs des Moines (disons des personnes consacrées à Dieu par une profession particuliere de piété, ou plus obligez à la penitence que les autres) vous ne mangeriez pas un morceau de pain qui ne fut trempé de vos larmes. La vûë de tant d'ames qui périssent dévroit nous faire sans cesse verser des ruisseaux de larmes & dire

* P. le Nain, Hom. 113.

comme le Prophête, qui donnera de l'eau à ma tête, & à mes yeux une fontaine de larmes, pour pleurer jour & nuit les enfans de la fille de mon peuple?

Si nous sommes du nombre des Vierges, apellées par S. Cyprien la plus illustre portion du Troupeau de J. C. combien sommes-nous plus obligez d'en ressentir les plaïes. Les Pasteurs, par leurs fonctions, travaillent au salut des ames, nul ne vit pour soi seul, chacun a reçû ce qu'il a pour l'Eglise, & l'édification de ses enfans; comment ne craindrons-nous pas d'être traitez comme le serviteur infidéle, si nous négligeons d'offrir nos prieres & nos larmes pour ceux qui ne se

Apêndice – *Pronunciado por um Santo Bispo com trechos do Sr. Hamon e de D. Le Nain de la Trape*

Da dor que se deve sentir frente aos males da Igreja[76]
***Illi viderunt mala quae fiebant in populo**, 1Mc 2,6.*[77]

Estas palavras deveriam preencher-nos de temor: porque quando Deus abre os olhos de uma pessoa para ver aquilo que tanta gente não vê de modo algum, ele espera delas sentimentos dignos daquilo que se viu.

Aprendamos aquilo que devemos fazer por meio do que fez Matatias[78] com seus filhos: o sentimento que ele teve em relação aos males de seu povo lhe retirou o sentimento de seus próprios males e daqueles de sua casa. Ele ia perder tudo, mas os males de Jerusalém lhe eram incomparavelmente mais sensíveis; ele só ressentiu-se por eles e disse *vae mihi*,[79] infeliz de mim no tempo em que eu ainda não tinha sofrido. Sua liberdade particular lhe tinha sido insuportável; não podia continuar em paz, Jerusalém não estando em paz; teria achado melhor morrer do que ser o testemunho de sua desolação, *quo nobis adhuc vivere*.[80]

Quem amou a Igreja tanto quanto Matatias amou a Jerusalém, sentiu ainda mais seus males, que são de uma outra natureza. Sem este amor, tudo aquilo que se pode fazer não é nada, já que isto é verdadeiramente viver para amar a Igreja e para servi-la. *Nós não subsistimos senão por ela, toda nossa força, toda nossa vida vem do espírito que a ama, portanto, é um caráter de morte ser insensível ou indiferente a seus males.*

Lembremo-nos da palavra de São Bernardo:[81] se conhecerdes quanto são grandes os deveres dos monges (dizemos das pessoas consagradas a Deus por uma posse particular de piedade ou ainda mais obrigados à penitência que os outros), não comeríeis um pedaço de pão que não fosse umedecido por vossas lágrimas. A visão de tantas almas que perecem deveria fazer correr, sem cessar, rios de lágrimas e dizer como o profeta: quem colocará água na minha cabeça e nos meus olhos uma fonte de lágrimas para chorar dia e noite os filhos da filha de meu povo?

Se somos do número das virgens, chamadas por São Cipriano a mais ilustre porção do rebanho de Jesus Cristo, quanto somos obrigados a sentir as chagas dele. Os pastores, por suas funções, trabalham para a salvação das almas e para a reedificação de seus filhos: nenhum viveu somente para si, já que cada um recebeu aquilo que lhe cabe realizar na Igreja. De que modo não havemos

pleurent pas eux-mêmes ?

* Sainte Thérese avouë que le dessein qu'elle eut d'abord, en fondant son premier Monastere, n'étoit pas qu'on y pratiquât beaucoup d'austéritez, mais qu'ayant apris que les derniers hérétiques perdoient une infinité d'ames, elle en fut si pénétrée, qu'elle en pleuroit nuit & jour, prête de donner mille vies pour en sauver une seule, & que ce fut ce qui la détermina à établir dans son Monastere toute l'austérité, la pauvreté & la perfection qui lui fut possible. » O mes filles, » dit-elle, aidez-moi à prier J. C. » de remédier à un si grand mal ; » c'est pour cela que nous som-

* Ch. 1. du Chemin de la Perfection.

» mes ici assemblées ; c'est-là nô-
» tre vocation ; c'est à quoi nous
» devons nous occuper ; c'est ou
» doivent tendre tous nos desirs.
» On veut crucifier J. C. une se-
» conde fois, & nous penserions
» à autre chose qu'à nous y opo-
» ser par nos larmes ? Comment pouvons-nous voir cette Majesté adorable deshonorée par une conspiration si générale de ceux qui dévroient s'immoler à sa gloire, & par le mépris presque général qu'on a pour ses loix ? Le caractere de benediction auquel Dieu marque ceux qu'il doit sauver consiste dans le gémissement d'un cœur qui en est affligé ; allez, dit-il, à son Prophete * au milieu de

* Ezech. 9.

Jerusalem, imprimez la lettre T sur le front de ceux qui gémissent sur les abominations qui s'y commettent, faites passer au fil de l'épée tous ses Habitants, commençant par mon Sanctuaire, réservez ceux qui sont marquez à la lettre T.

Les maux presents, pour être plus intérieurs que ceux que déploroit Sainte Thérese, n'en sont pas moins dignes de nos larmes ; l'impiété, le libertinage d'esprit, la tolérance des Religions différentes gagnent de toutes parts, les contestations qui divisent les Pasteurs & déchirent l'Eglise, répandent sur les veritez les plus fondamentales un si grand obscurcissement, un mépris si sensible des régles & des maximes, une

distraction si universelle dans les Chefs du Troupeau, sur les plus grands besoins, que l'ignorance & la corruption font par tout des progrès immenses, auxquels on ne voit point de ressource ni pour le Clergé ni pour le peuple.

Jamais on n'a eu tant lieu de craindre d'être arrivé au tems prédit par le Prophete * dans l'endroit que cite S. Paul, Rom. 11. parlant du futur retour des Juifs, & nous indiquant par son raisonnement, l'état où se doit trouver l'Eglise, avant que cet événement la renouvelle. Les paroles d'Isaïe sont une peinture fidelle de ce qui se passe aujourd'hui. Nous nous sommes détournez pour ne point

* Is. 59.

de temer ser tratados como o servidor infiel, se negligenciamos oferecer nossas preces e lágrimas por aqueles que não choram por si mesmos?

Santa Tereza[82] confessou que o desejo que tinha inicialmente, fundando o primeiro monastério, não era que nele praticássemos muita austeridade, mas tendo aprendido que os últimos hereges perderam uma infinidade de almas, nisto estava tão impressionada, que por eles chorou noite e dia, pronta para dar mil vidas para salvar uma, e que foi isto que a determinou a estabelecer em seu monastério toda a austeridade, a pobreza e a perfeição que lhe foi possível. "Ó minhas filhas", diz ela, "ajudai-me a rogar a Jesus Cristo para remediar um tão grande mal; é por isto que nós estamos aqui reunidas, esta é nossa vocação, é a isto que devemos nos ocupar, é para onde devem inclinar todos os nossos desejos. Querem crucificar Jesus uma segunda vez. Pensaríamos em outra coisa senão a nos opor a isto por nossas lágrimas?" Como podemos ver esta majestade adorável, desonrada por uma conspiração generalizada daqueles que deveriam imolar-se para sua glória e pelo desprezo quase geral que temos por suas leis? O caráter de bênção com o qual Deus marca aqueles que ele deve salvar consiste no gemido de um coração que está aflito: ide, diz, a seu profeta[83], ao meio de Jerusalém, imprimi a letra T[84] na fronte daqueles que gemem sobre as abominações que nela cometem, fazei passar ao fio da espada todos os habitantes, começando por meu santuário, conservai aqueles que são marcados com a letra T.

Os males presentes, por serem mais interiores do que aqueles que deploravam Santa Tereza, não são menos dignos de nossas lágrimas; a impiedade, a libertinagem de espírito, a tolerância das religiões diferentes ganham, de todas as partes, as contestações que dividem os pastores e dilaceram a Igreja, difundindo sobre as verdades mais fundamentais um grandioso obscurecimento, um desprezo tão sensível das regras e das máximas, uma distração tão universal nos chefes do rebanho em relação às maiores necessidades, que a ignorância e a corrupção tornaram-se para todos progressos imensos,[85] *aos quais*[86] não vemos nenhum remédio nem para o clero, nem para o povo.

Jamais tivemos tanta ocasião para temer ter chegado o tempo predito pelo profeta[87] no lugar que é citado por São Paulo, Rom II, *falando do futuro retorno dos judeus e indicando-nos, por seu raciocínio, o estado onde se deve encontrar a Igreja antes que este acontecimento a renove.* As palavras de Isaías são uma pintura fiel daquilo que acontece hoje. Nós nos desviamos

marcher sur les pas de nôtre Dieu: nous avons fait sortir de nôtre cœur des paroles de mensonge; l'équité nous a abandonné, la justice s'est retirée de nous, la vérité est renversée dans le monde, elle y est en oubli, l'équité n'y trouve aucune entrée, & ceux qui se retirent du mal sont exposez aux injures & à devenir la proïe des autres; le Seigneur a vû toutes ces choses, & il a été blessé de n'apercevoir plus de justice, ni d'homme qui prit en main sa cause & le parti de la piété. * La vérité, dit-on, s'éclaircit tous les jours ; on acquiert de nouvelles lumieres. Cela peut avoir lieu dans certaines véritez spéculatives de la foi, ou dans ce qui regarde l'Histoire &

* Et pag. 78. Hom. 7.

les Arts : mais pour ce qui est des véritez de la morale, les Saints, après l'Ecriture, ont bien d'autres sentimens.

» Seigneur, dit le Prophète, c'est S. Augustin qui parle en expliquant le Ps. 7. » retournez en
» haut à cause de cette Assemblée
» de peuple qui vous environne...
» C'est-à-dire, cessez de nouveau
» d'être connu, parce que cette Assemblée doit vous offenser &
» tomber dans le déreglement
» que vous avez prédit, en disant,
» croyez-vous que quand le Fils
» de l'Homme viendra, il trouve-
» ra de la foi sur la terre ? Lors
» donc que dans l'Assemblée des
» peuples qui forment l'Eglise, le
» peché se répandra avec ce dé-

» bordement déplorable que nous
» voyons déja en grande partie
» & que la charité de plusieurs se
» refroidira ; alors les hommes
» souffriront cette disette & cette
» faim de la parole de Dieu, prédi-
» te par Amos c. 11. & Dieu, pour
» punir son peuple, qui aura éloi-
» gné de lui la lumiere de la véri-
» té, remontera en haut ; ensorte
» qu'il n'y aura personne, ou très-
» peu, qui ayent une foi pure &
» exempte de la corruption des
» fausses maximes & des opinions
» relâchées *ita ut à nullis aut per*
» *paucis percipiatur sincera fides à*
» *pravarum opinionum labe purga-*
» *ta.* Le Prophète a donc raison de
» dire, retirez-vous, rentrez en-
» core une fois dans la profondeur

» de vos secrets, pour punir ce
» grand nombre de Chrétiens pé-
» cheurs que l'intelligence de la
» vérité abandonnent en punition
» de l'abus qu'ils font du nom
» qu'ils portent sans en remplir
» les devoirs. *Christianos deseret*
» *intelligentia veritatis*, &c.

Ce que ces pieux Auteurs disoient il y a quarante ans est incomparablement plus à craindre à present; & ce qu'ils annoncent, comme devant arriver, semble être une Prophétie de ce que nous voyons dans nos jours.

Voyez M. de Sassi sur le 12. ch. de l'Eccles. 1. Jer. l'explication de l'affoiblissement général qui doit arriver dans l'Eglise.

F I N.

por não marchar sobre os passos de nosso Deus: fizemos sair de nosso coração palavras de mentira, a equidade nos abandonou, a justiça retirou-se de nós, a verdade é transformada dentro do mundo, ela está esquecida, a retidão não encontrou nenhuma entrada, aqueles que se retiram do mal são expulsos por injúrias e tornam-se a presa dos outros; o Senhor viu todas estas coisas, está ferido por não perceber mais justiça, nem do homem, este que tomou na sua mão a causa e a parte da piedade.[88] A verdade, dizemos, dá seu brilho todos os dias, aquiescemos a novas luzes; isto pode ter lugar em certas verdades especulativas da fé ou naquilo que considera a história e as artes: mas naquilo que tange às verdades da moral, os santos, seguidos da Escritura, têm outros sentimentos.

"Senhor", diz o profeta, isto é, Santo Agostinho é quem fala explicando o sétimo salmo, *voltais para o alto por causa desta assembleia de pessoas que vos rodeia... isto é, cessais mais uma vez de ser conhecido, porque esta assembleia deve estar ofendendo e caindo no desregramento que predissestes, dizendo, credes que quando o filho do homem vier, encontrará fé sobre a terra? Portanto, quando na assembleia dos povos que formam a Igreja, o pecado se difundir com este transbordamento deplorável, que já vemos em grande parte, e a caridade de muitos se resfriará, então os homens sofrerão aquela escassez e fome da palavra de Deus, predita por Amós, capítulo 2, e Deus, para punir seu povo, que se terá distanciado Dele, da luz da verdade, voltará para o alto; de forma que não haverá ninguém, ou pouquíssimas pessoas, que tenham uma fé pura e isenta da corrupção das falsas máximas e das opiniões menos rigorosas* ita ut a nullis aut per paucis percipiatur sincera fides a prauarum opinionum labe purgata.[89] *Portanto, o profeta tem razão de dizer: retirai-vos, entrai uma vez mais na profundeza de vossos segredos, para punir aquele grande número de cristãos pecadores que abandonam a inteligência da verdade em punição ao abuso que fazem do nome que levam sem dele cumprir os deveres.* Christianos deseret intelligentia ueritatis.[90] [91]

Aquilo que estes piedosos autores diziam há quarenta anos é incomparavelmente mais temível no presente; e aquilo que anunciam, antes da chegada, parece ser uma profecia daquilo que vemos nos nossos dias.

No Ecl 12 e Jr 1, vede a explicação do Sr. de Sacy[92] sobre o enfraquecimento geral que deve acontecer na Igreja.

FIM.

Discurso da Reforma do Homem Interior

Referências bibliográficas

As referências bibliográficas a seguir correspondem tanto aos textos usados no comentário quanto na tradução.

Augustin. *Confessions.* Texto estabelecido e trad. Pierre de Labriolle. Seizième tirage. Paris: Les Belles Lettres, 2002. (Tome I, livres I-VIII; Tome II, livres VIII-XIII.)

_____. *Les Confessions – Vol. I: Livres I-VII; Vol. II: Livres VIII-XIII.* (Texte latin de l'édition critique de M. Skutella (1934), publiée dans la Bibliotheca Scriptorum Graecorum et Romanorum Teubneriana (Verlag von B. G. Teubner – Leipzig). Introd. E notas Aimé Solignac (exceto cap. VII, trad. G. Bouissou). Trad. E. Tréhorel e G. Bouissou. Réimpression de la 2e édition. Paris: Institut d'Études Augustiniennes, 1998. (Bibliothèque Augustinienne – Œuvres de Saint Augustin. 2e Série: Dieu et son Œuvre, 13-14.)

Augustin d'Hippone. *Commentaire de la Première Épître de S. Jean.* Texto latino dos mauristas. Introd., trad. e notas Paul Agaësse. Paris: Les éditions du Cerf, 2011. (Sources Chrétiennes, n. 75.)

Augustini, Sancti Aurelii. *Enarrationes in Psalmos.* I-L; LI-C; CI-CL. Turnholti: Typographi Brepols Editores Pontifici, MCMLVI. (Corpus Christianorum Series Latina: XXXVIII, XXXIX, XL. Aurelii Augustini opera, pars X,1-3.)

Augustine, Saint. *Tractates on the Gospel of John, 1-124.* Trad. John W. Rettig. Washington: CUA Press, 1988; 1995; 1993; 1994. (The fathers of the church, 78; 88; 90; 92.)

_____. *De Doctrina Christiana.* Ed. e trad. R. P. H. Green. Oxford; New York: Clarendon Press, OUP, 2004.

Agostinho, Santo. *Trindade / De Trinitate.* Ed. bilíngue. Trad. Arnaldo do Espírito Santo; Domingos Lucas Dias; João Beato; Maria C. de Castro-Maia de S. Pimentel. Coimbra: Paulinas, 2007.

Agustín, San. *Tratados sobre el Evangelio de San Juan 1-124.* Versão, notas e índice bíblico José Anoz; epígrafes do texto e índice analítico Miguel Fuertes Lanero; estudo dos tratados Teófilo Prieto. 3. ed. Madrid: BAC, 2009. (Obras completas de San Agustín, vol. XIII-XIV.)

_____. *Escritos Vários 2.º – Ochenta y Tres Cuestiones Diversas etc.* Intr., versão, notas e índices Teodoro C. Madrid. Madrid: BAC, 1995. (Obras completas de San Agustín, vol. XL.)

BÍBLIA. Português. *Bíblia: Tradução Ecumênica (TEB)*. São Paulo: Edições Loyola: 1994.

COGNET, Le. *Le Jansénisme*. Paris: PUF, 1995.

EVANS, G. R. *Agostinho sobre o Mal*. Trad. João Rezende Costa. São Paulo: Paulus, 1995.

GOLDMANN, Lucien. "El Hombre y lo Absoluto". Trad. J Ramón Capella. *Le Dieu Caché*. Barcelona: Ediciones Península, 1968.

GOUHIER, Henri. *Blaise Pascal: Commentaires*. Paris: Vrin, 1971.

_____. *Blaise Pascal: Conversão e Apologética*. Trad. Éricka Marie Itokazu e Homero Santiago. São Paulo: Paulus, 2006.

JANSENIUS, Cornelius. *Discours de la Réformation de l'Homme Intérieur*, Prononcé par un Saint Evesque avec des Extraits de M. Hamon et de D. Le Nain de la Trape. Paris, s.e. 1642. (Documento microfilmado.)

KRAILSHEIMER, Alban. *Pascal*. Lisboa: Publicações Dom Quixote, 1983. (Col. Mestres do Passado.)

MARTINA, Giacomo. *História da Igreja de Lutero a Nossos Dias: A Era do Absolutismo*, v. II. Trad. Orlando Soares Moreira. São Paulo: Loyola, 1996.

MESNARD, Jean. *Les Pensées de Pascal*. Paris: Ed. Sedes, 1993.

PASCAL, Blaise. Les Écrits des Cures de Paris. In: _____. *Ouvres Complètes*. Ed. Louis Lafuma. Paris: Seuil, 1963, p. 471-84.

_____. Pensées. In: _____. *Ouvres Complètes*. Edição de Louis Lafuma. Paris: Seuil, 1963, p. 493-641.

_____. Les Provinciales. In: _____. *Ouvres Complètes*. Ed. Louis Lafuma. Paris: Seuil, 1963, p. 371-469.

_____. Entretien avec M. de Sacy. In: _____. *Ouvres Complètes*. Ed. Louis Lafuma. Paris: Seuil, 1963, p. 291-97.

PORTA, Mario Ariel González. *A Filosofia a Partir de seus Problemas*. 3. ed. São Paulo: Loyola, 2007.

SELLIER, Philippe. *Pascal et Saint Augustin*. Paris: Albin Michel, 1995.

TÜCHLE, Germano. *Reforma e Contra Reforma*. Trad. Waldomiro Pires Martins. Rio de Janeiro: Vozes, 1971.

ZAGHENI, Guido. *A Idade Moderna: Curso de História da Igreja – III*. Trad. José Maria de Almeida. São Paulo: Paulus, 1999.

Notas

1. "Solitários" era o nome dado aos homens que se dirigiam para Port-Royal-des-Champs a fim de viver mais intensamente a vida cristã por meio de orações, jejuns, leitura dos textos sagrados e uma intensa vida fraterna.
2. Referência ao texto que consta no apêndice.
3. Trata-se de "afligir-se com os males da Igreja e de rezar por ela", como foi destacado no parágrafo anterior. Jansenius ressalta que o verdadeiro cristão, ao ver a Igreja sofrer, sofrerá com ela.
4. Citação de outro jansenista que zela pelo desprezo de qualquer ideia que desconfigure a Igreja. Não se trata de esconder os escândalos, mas não se regozijar com eles, cobrando uma postura idônea e digna de todo cristão.
5. O pronome demonstrativo refere-se à corrupção que se manifesta como uma força que arrasta todos os seres à ausência total de ser.
6. No século XVII, o termo polícia tem o significado de ordem pública, dito de outro modo, tudo que tende para o bem comum.
7. Trata-se da Igreja Católica Apostólica Romana.
8. Na divisão da história formulada no século XVII, a Antiguidade corresponde a um dado período na história geral. Todavia, nesta passagem Jansenius usa o termo em outro sentido, indicando aquilo que existe há muito tempo e que foi capaz de conservar-se no decorrer da história.
9. Jansenius destaca que há uma insegurança que toma conta da vida dos homens plenos de amor por si mesmos e desprezo pelos outros, trata-se das "vãs apreensões quanto ao futuro". Tais homens preferem censurar a vida dos santos, aceitam os louvores das pessoas que os favorecem em seu amor próprio, favorecimento marcado pela adulação e lisonja, mas que tem como resultado a insegurança que possuem sobre o seu ser: dependem da lisonja dos outros para confirmarem aquilo que pensam de si. No entanto, se o critério é aplaudir aqueles que os favorecem, então deveriam aplaudir os santos, pois estes os favoreceriam pelo exemplo do caminho contrário ao amor de si, pelo qual poderiam ser menos inseguros quanto ao futuro de sua própria imagem. Portanto, favorecidos pelos santos, deveriam aplaudir as pessoas que verdadeiramente as favorecem.

[10] Assim como houve quem defendesse que a calvície, uma precariedade da natureza, fosse a manifestação de uma perfeição, também há quem calunie e acuse a piedade, distorcendo a verdade, como uma debilidade do homem.

[11] Trata-se do desejo pela piedade que o autor pretende inspirar.

[12] *De moribus ecclesiae*, cap. 32.

[13] Este assunto que merece o brilho da retórica é a piedade, ou seja, discurso sobre os meios de fazer o homem voltar-se para Deus.

[14] Objeto de investigação será a causa da queda e a via de renovação do espírito humano pela graça. Estes dois temas compõem o "assunto" mencionado no parágrafo acima, ou seja, a piedade como confissão do pecado que corrompeu a vontade e o esclarecimento dos recursos necessários para a reforma do homem, sua renovação e retorno ao princípio originário que o criou.

[15] Referência da união entre o Criador e a criatura que foi descrita nos dois parágrafos acima.

[16] O Bem é uma graça para o espírito e Imortalidade uma graça ligada ao corpo.

[17] Referência a Adão e Eva.

[18] Gn 3,4. "Apanhou um fruto e dele comeu, deu-o também ao seu homem que estava com ela, e ele comeu."

[19] *De Vera Relig.* c, 38. *Confess.* l.30, cap. 8. E outros.

[20] Gn 2. Eis a passagem completa: "Poderá comer de toda árvore do jardim, mas não comerás da árvore do conhecimento do que seja bom ou mau, pois desde o dia em que dela comeres, tua morte estará marcada".

[21] Mt 4.

[22] Lc 4.

[23] I Jo 2.

[24] Todos os homens, necessariamente, vivem "segundo a carne", já que seria uma contradição postular, a partir da experiência empírica, a existência de um homem desencarnado, um puro espírito longe de todas as misérias que o corpo o submete.

[25] É preciso atentar-se à terminologia agostiniana nesta passagem. Há uma diferença entre o ato de "fazer algo passando pela volúpia" e "fazer algo pela volúpia". Jansenius ressalta a importância de se "fazer coisas boas passando pela volúpia", isto é, utilizando-se (*uti*) da volúpia a fim de atingir a Deus como fim (*frui*), cujo significado é distinto do ato de fazer algo "pela volúpia", no qual a própria volúpia passa a ser fim em si mesma. O autor está se apropriando de uma distinção clássica agostiniana entre *uti* e *frui*, 1. utilizar-se de algo (inferior) tendo em vista um fim ulterior (que seja bom em si mesmo) e 2. fruir de algo que é um bem final e digno de ser fruído em si – o que, no fim, restringe-se a Deus. A distinção é feita por Agostinho no *De Doctrina Christiana*: "De tudo que expusemos deduz-se que devemos gozar unicamente das coisas que são bens imutáveis e eternos. Das outras coisas devemos usar para poder conseguir o gozo daquelas". (*In his igitur omnibus rebus illae tantum sunt quibus fruendum est, quas aeternas atque incommutabiles commemorauimus; ceteris autem utendum est ut ad illarum perfruitionem peruenire possimus*) (1,22,20). "Fruir é aderir a alguma coisa por amor a ela própria. E usar é orientar o objeto de que se faz uso para obter o objeto ao qual se ama, caso tal objeto mereça ser amado. O uso ilícito cabe, com maior propriedade, o nome de excesso ou abuso." (*Frui est enim amore inhaerere alicui rei propter seipsam. uti autem, quod in usum uenerit ad id*

Notas

quod amas obtinendum referre, si tamen amandum est. nam usus illicitus abusus potius uel abusio nominandus est) (De Doctrina Christiana, 1,4,4). Ressaltamos ainda que Philippe Sellier, intérprete dos ecos agostinianos no século XVII, assinala, em seu *Pascal et Saint Augustin*, que a "distinção entre o uso e o gozo não é bíblica. Foi Agostinho que a consagrou" (p. 152).

[26] O termo era comum entre os escritores do século XVII. Pascal, por exemplo, usa-o ao final do seu texto célebre denominado *Le Memorial*. Escrito em um pergaminho, para melhor conservação devido a sua grande relevância, e costurado no bolso de seu paletó, a fim de que a mensagem não fosse esquecida, o texto relata um fato inusitado, já que o autor viveu, durante duas horas e meia, uma experiência ímpar de profunda meditação, constituindo a chamada "segunda conversão do solitário de Port-Royal". Na penúltima linha do texto a palavra em questão aparece: "Eternamente em alegria por um dia de *exercício* sobre a terra". (Blaise Pascal, *Pensées*, Laf. 913, grifo nosso). O termo, como afirma Gouhier, significa "pena, cansaço, dificuldade", uma forma de provar a luminosidade da fé pelos obstáculos com que o homem é surpreendido no seu dia a dia. (Ver Henri Gouhier, *Blaise Pascal: Commentaires*. Paris: Vrin, 1971, p. 42, nota 78). Jansenius também faz menção a estes obstáculos que o cristão deverá superar com o intuito de fazer brilhar, a cada dia, a dádiva da fé que lhe fora concedida por Deus.

[27] Jansenius afirma a existência de uma desmedida, já que o homem amplifica o prazer ao transformá-lo em necessidade (manutenção da vida, conservação do corpo), justificando a volúpia como necessária. Porém, a extensão da necessidade é menor do que aquela do prazer, de modo que podemos usar do prazer para atender as demandas da necessidade, desde que a realização do necessário não se torne uma atividade de volúpia, de "agradável" como o autor ressalta ao final deste parágrafo, portanto, de deleite desnecessário.

[28] No original, *honnête*. Este adjetivo significa fiel, fidedigno, honesto, virtuoso, justo. O termo escolhido pareceu ser o mais apropriado, já que a concupiscência da carne é uma paixão injusta, ou seja, desproporcional às demandas necessárias para a manutenção da vida. Esta desmedida é injusta porque é excessiva.

[29] 1 Jo 2.

[30] Há no latim, *stellio*, um lagarto.

[31] *Stellio* é o nome dado a uma espécie de lagarto que possui inúmeras manchas nas costas, semelhantes às estrelas (*stellae* em latim), por este motivo o nome do lagarto é *stellio*. Na citação acima Jansenius faz referência a inúmeros conhecimentos por ele considerados inúteis. Dentre estes está o conhecimento dessa espécie de lagarto, como foi afirmado na nota acima.

[32] 1 Jo 2.

[33] Pronome possessivo que faz referência ao homem.

[34] *Midy*, no sentido de luz mais forte, plenitude da luminosidade.

[35] Referência à última paixão, o *orgulho da vida*.

[36] *Enarrationes in Psal VII* 6,4. (*Quo primo enim uitio lapsa est anima, hoc ultimum uincit*).

[37] *Expos. I. in Psal* 28. Esta citação feita por Jansenius não corresponde ao citado Sal 28. A passagem consta no Sl 18: *"Quia hoc est ultimum redeuntibus ad deum, quod recedentibus primum fuit" (Enarrationes in Psalmos XVIII, Expositio I §14)*.

[38] Gn 3. "É que Deus sabe que no dia em que dele comerdes, vossos olhos se abrirão e sereis como deuses, possuindo o conhecimento do que seja bom ou mau."

[39] Tem algo incoerente aqui: pois "ser senhor de todos os outros" não pode ser modificado por "somente", uma vez que esse poder universal não é pouca coisa.

[40] *Lib.* 83; *Quaest.* 79.

[41] A citação acima corresponde à obra *De Diuersis Quaestionibus Octoginta Tribus Liber Unus, Quaestio LXXIX* [Oitenta e Três Questões Diversas, Questão 79]: [§§90-91] "[...] quer estar no lugar de Deus, [fazendo valer] de preferência o seu [poder] para si e para os outros, do que o poder amoroso daquele [i.é, Deus] sobre todos ...". (*... uult esse pro deo, suam potius in se uel in alios, quam illius in omnes diligens potestatem...*).

[42] O pronome demonstrativo substitui o desejo humano de "imitar a onipotência Divina", de "reinar sobre si mesmo e sobre os outros", como destacado no parágrafo acima. Esse desejo humano de se sobrepor como senhor é uma das formas de considerar a natureza do orgulho.

[43] Destaco que "a paixão do orgulho" é um castigo, de modo que todo vício, ao fim, é um castigo que aprisiona o homem, impedindo o exercício da virtude e o encontro com o sumo bem, uma vez que o vício é um mal, e o mal é afastamento do bem, que é Deus.

[44] O pronome possessivo indica a atitude humana de ocupar o lugar de Deus, de reinar sobre si e sobre os outros, de manifestar o próprio orgulho como forma de dominação. Em suma, o pronome indica orgulho.

[45] É a humildade que nos leva a submetermo-nos ao império orgulhoso de um outro, ou somos constrangidos por tal força que nos ultrapassa? A questão da obediência pode nos levar a pensar que agimos em nome da humildade quando, na verdade, é a força daquele que comanda e nos constrange a agir. Jansenius pretende traçar as diferenças entre a obediência da humildade cristã e a obediência do constrangimento sem virtude.

[46] O autor confronta os inúmeros orgulhos concorrentes, já que muitos não se submetem ao orgulho alheio – dominação –, não porque têm um compromisso com a verdade ou com Deus, que é o poder supremo, mas porque são impelidos pelo próprio orgulho.

[47] *Tract.* 43. *in Ioan.* A obra em questão é: *In Ioannis Euangelium Tractatus CXXIV, Tractatus XLIII* [CXXIV Tratados Acerca do Evangelho de João, Tratado XLIII.]: [§1] "E o homem não busca nada do modo como [busca] o poder [/a potência]. [Ora,] que tenha o Senhor Cristo como seu grande poder; porém que imite antes a sua paciência, para que então chegue ao poder" (*Et nihil sic quaerit homo quomodo potentiam: habet dominum Christum magnam potentiam, sed prius eius imitetur patientiam, ut perueniat ad potentiam*).

[48] Ou etapas.

[49] Lc 13. Trata-se de uma referência à parábola do filho pródigo, no entanto, esta encontra-se em Lc 15, 11-32. Um homem tinha dois filhos. O mais jovem pediu ao pai que lhe desse a parte que lhe cabia em sua herança, e seu pai assim o fez. Passados alguns dias encontrava-se em uma longínqua região, onde dissipou todos os seus bens. Em seguida, sobreveio sobre aquela região uma grande fome, de modo que o jovem começou a passar necessidades. Buscou trabalho e se pôs a cuidar de porcos naquele país, mas seu trabalho não lhe permitia nem mesmo adquirir a comida destinada aos porcos. Caindo em si, disse: "Quantos operários de meu pai têm pão de sobra, enquanto eu, aqui, morro de fome! Vou ter com o meu pai e lhe direi: pai, pequei contra o céu e contra ti. Já não mereço ser chamado teu filho. Trata-me como um de seus diaristas" (Lc 3,17-19). Ainda longe, foi avistado por seu pai, que veio ao seu encontro com grande júbilo, lançando-se ao seu pescoço para cobri-lo de beijos. Pediu imediatamente

aos seus empregados que preparassem uma grande festa, com o bezerro mais gordo de seu pasto, o que desagradou o filho mais velho, sempre obediente aos princípios paternos. Então, seu pai disse ao filho mais velho: "Meu filho, tu estás sempre comigo e tudo o que é meu é teu. Mas era preciso festejar e alegrar-se porque este seu irmão tinha morrido, e está vivo; estava perdido e foi reencontrado". A passagem destaca o júbilo de um Deus amoroso em função do retorno (conversão) do filho que estava perdido, mas se levanta para ir ao encontro do pai, deixando todo orgulho à beira do caminho.

50 O pecado por "ignorância" é cometido sem o conhecimento da causa que o determina, ou seja, uma ação que, em detrimento do outro, somente favorece a si; por outro lado também convém esclarecer o pecado por "conhecimento", no qual é sabido previamente o quanto minha ação irá prejudicar o outro, mas mesmo assim, tendo como meta o favorecimento de si, realiza-se a ação moralmente equívoca. Vale lembrar que Jansenius destaca que o pecado pode ser uma pena para si, como o é para os maus, já que o mal é sempre uma pena na medida em que desvia o homem de Deus, mas também pode servir como remédio aos bons, a fim de que o homem não venha a orgulhar-se de sua santidade, como pensava Paulo de Tarso em 2 Cor 12,7: "E porque essas revelações eram extraordinárias, para poupar-me qualquer orgulho, um espinho foi posto em minha carne, um anjo de satanás encarregado de me bater, para poupar-me qualquer orgulho".

51 Gn 3.

52 Pr 16,18. "Antes da ruína, há o orgulho; antes do escorregão, arrogância."

53 Este ato de "elevar-se" significa elevação pelo orgulho, ou seja, um "inflar-se", um crescimento desordenado e desproporcional à sua condição. O orgulho é uma deformação de si através da qual o homem se desconfigura ao erigir para si e para os outros uma imagem que não corresponde à sua condição decaída.

54 Sl 29.

55 Sl 29.

56 "Vicissitude perturbadora" refere-se às mudanças as quais o indivíduo está submetido no decorrer do processo de conversão, ou seja, por vezes encontrar-se-á na luz, por vezes nas trevas, vezes no prazer ou no desgosto, vezes no ardor ou no resfriamento, e nunca na certeza autônoma de sua condição, mas sempre na dependência do poder de Deus.

57 A "calma no espírito" é a paciência espiritual que será necessária para compreender que a graça basta para o fiel. As idas e vindas da condição humana (luz/trevas; prazer/ desgosto; ardor/resfriamento) são etapas necessárias do processo salvífico a fim de combater o orgulho que sempre espreita à porta do coração humano.

58 Dt 32, 27.

59 Por que o remédio necessário é "funesto"? Tal termo significa aquilo que causa a morte, que é fatal, que pressagia desgraças, que é sinistro, desastroso e prejudicial. Como é que o remédio para um mal pode ser presságio da morte e das desgraças? A passagem refere-se ao uso do mal, do pecado, daquilo que é vão e prejudicial, a fim de que o homem não se orgulhe de sua santidade. Na continuidade da passagem a explicação ficará mais clara quando for dado o exemplo do médico que cura uma fraqueza ou doença com uma dose de veneno que, ao ser ingerido em uma dose correta, restituirá a saúde. Do mesmo modo, Deus permite uma dose correta de pecados funestos a fim de não perder a alma de seu eleito para o orgulho.

⁶⁰ "Figurar" é um termo muito usado no século XVII. Refere-se ao modo pelo qual Deus se manifestou na história, como por exemplo, a páscoa judaica, que marca a libertação do povo de Deus dos desmandos do faraó e a restituição de uma nova vida a este povo, figura a morte e ressurreição do Cristo, as quais libertam o homem do pecado e restituem uma nova vida em Cristo. Do mesmo modo, os três dias em que Jonas esteve no ventre da baleia figuram os três dias necessários para a ressurreição de Jesus. O termo tem uma função simbólica que sela um princípio de coerência entre o 1º. e o 2º. Testamento. Blaise Pascal usou inúmeras vezes este termo: "Figura./ Quando a palavra de Deus, que é verdadeira, é falsa literalmente, ela é verdadeira espiritualmente. *Sede a dextris meis* (Sl CIX, 1: "*O Senhor disse ao meu Senhor: Senta-te à minha direita...*"): isto é falso literalmente, portanto é verdadeiro espiritualmente". (Blaise Pascal, *Pensées*, Laf., 272; Bru., 545). Se efetivamente Jonas não foi engolido por uma baleia, ao menos o sentido espiritual da passagem figura uma verdade espiritual que manifesta o amor de Deus pelos homens. No fragmento Laf., 270; Bru., 670 dos *Pensées*, o autor ainda destaca que os judeus tiveram contato com as "coisas figurantes", ou seja, Deus amava o pai Abraão, aquele havia multiplicado seu povo e o distinguido dos outros, retirando-o do Egito, alimentando-o no deserto, levando-o a uma terra rica, dando-lhe reis e um templo para sacrifícios de animais, motivando-o a esperar um Messias que haveria de tornar os judeus senhores do mundo, no entanto, Pascal ressalta, Paulo é o apóstolo do Messias que dá o verdadeiro sentido das coisas figuradas, mostrando a realidade que as figuras apontam com o evangelho. No caso do uso feito por Jansenius no texto acima, os judeus, povo de Deus escolhido, figuram a ação de Deus em direção à humanidade. A permissão dada por Deus aos cananeus de guerrearem com os judeus figuraria o pecado que, por vezes, Deus permite assolar o homem. Tal anuência tem o intuito de despir o orgulho, mostrando que na vitória sobre o pecado deve ser dada glória a Deus, e não ao poder humano.

⁶¹ O verbo pode parecer sem sentido se não atentarmos ao advérbio que o acompanha em outra passagem no início do texto: "De forma que, tendo começado a perceber sua felicidade e a reconhecê-la, fascinou-se e encantou-se por sua beleza, começando a *olhar-se com prazer*, e, por este olhar, tornou-se o objeto de seus próprios olhos e desviou sua visão de Deus para direcioná-la totalmente para si; assim, caiu na desobediência" ("Começo do Discurso", p. 35, grifo do tradutor). A ação de olhar não é um simples olhar, como a passagem poderia erroneamente fazer o leitor supor, mas um olhar prazeroso, desmedido e intemperante, que arrasta, coage e determina o homem, colocando-o equivocadamente acima de Deus e, consequentemente, ferindo o primeiro mandamento de Ex 20,3: "Não terás outros deuses diante de mim". Tudo que é colocado ao lado ou acima de Deus abala o primeiro mandamento.

⁶² I Pd 4.

⁶³ É injusto atribuir a Deus a impotência do homem, já que a precariedade humana seria fruto da desmedida causada pelo pecado.

⁶⁴ Tg 4.

⁶⁵ Esta é uma das passagens mais enigmáticas do texto e merece um breve comentário. Deus assombra, gera dificuldades e ilumina os caminhos dos seus eleitos, isto para que reconheçam que a verdadeira vitória sobre o pecado é a vitória sobre o orgulho. Para tanto, Deus retarda a vitória, tornando-a difícil, a fim de esquivar o homem da soberba de tê-la alcançado com facilidade, com suas próprias forças. Por fim, a passagem pareceria contraditória: "E não lhes admite (*refuser*) a vitória quando eles a têm, isso porque os eleitos têm". Por que Deus não admite a vitória àquele

que já a tem? Mesmo tendo vencido o orgulho, Deus não admite a vitória ao homem no sentido de recusar ao homem o conhecimento da plenitude da santidade. Desta maneira, não admitir (*refuser*) é não dar ao eleito o conhecimento da vitória, mesmo que ele a tenha. Porém, se o eleito já possui a vitória, por que não admiti-la? O objetivo é não comprometer a vitória já conquistada: por já tê--la conquistada, Deus misericordiosamente previne o homem do conhecimento da conquista para que o eleito não venha a se gabar e, consequentemente, cair novamente na armadilha do orgulho. Em suma, Deus não admite o conhecimento da vitória quando os homens a têm a fim de que não se vangloriem, assim, são vitoriosos quando vencem o orgulho justamente por não o saberem. O parágrafo sintetiza duas características fundamentais do jansenismo: a causa primeira da salvação é o Criador; o critério da eleição divina é um mistério insondável. A eleição caracteriza-se por um cuidado especial de Deus junto ao homem, livrando-o de todo orgulho, mesmo sem dar a conhecer tal libertação a fim de prevenir a criatura.

[66] I Cor 1, 31.

[67] Sl 6,4.

[68] *Sermo III de Uerbo Apostolico, caput VII. Serm. 3 de Verb. Apost. cap. 7.* Esta citação não foi encontrada. Desconhecemos que obra é essa do "discurso apostólico". O sermão 3 é problemático e tem um único parágrafo em algumas edições; em outras nem existe, pois seria de autoria de Beda, em vez de do hiponense.

[69] Mais uma vez Jansenius ressalta o projeto misericordioso de Deus que visa a curar o orgulho humano com o próprio mal, usando do pecado para que o eleito não se desvie por um mal ainda maior, ou seja, a presunção da santidade que infla de orgulho. Assim, Deus age "pelas quedas e pelos pecados" com o propósito de prover a salvação.

[70] *Tract, 25. In Joan. Lib. 8. de Trin. c. 8.* Eis a obra citada: *In Ioannis Euangelium Tractatus CXXIV, Tractatus XXV* [CXXIV Tratados Acerca do Evangelho de João, Tratado XXV]. Quanto a "Lib. 8", não creio que se refira ao tratado citado, pois esta obra não tem livro 8. Talvez esteja se referindo ao livro VIII do *De Trinitate* [Tratado sobre a Trindade, VIII, cap. 8]. Em *De Trinitate VIII,8,12*: "Pois quanto mais curados estamos do tumor da soberba, tanto mais repletos estamos do amor" (*quanto igitur saniores sumus a tumore superbiae tanto sumus dilectione pleniores*).

[71] I Cor 13,4-6. "O amor tem paciência, o amor é serviçal, não é ciumento, não se pavoneia, não se incha de orgulho, nada faz de inconveniente, não procura o próprio interesse, não se irrita, não guarda rancor, *porque não faz mal algum*, mas encontra a sua alegria na verdade."

[72] I Pd 4,7-8. "O fim de todas as coisas está próximo. Por isso daí provai de prudência e sede sóbrios, a fim de poderes orar. Antes de tudo, tende um constante amor uns para com os outros, porque o amor *cobre a multidão de pecados.*"

[73] Fl. 2. "Assim, meus bem-amados, vós que sempre fostes obedientes, sede-o não somente na minha presença, porém muito mais agora na minha ausência; com temor e tremor ponde por obra a vossa salvação, pois é Deus quem forma em nós a vontade de agir e o cumprimento da ação."

[74] Sl 33,9. "*Provai e vede que o Senhor é bom.* Feliz o homem que tem nele seu refúgio."

[75] O bem que as paixões buscam nas criaturas vis e perecíveis, a saber, a grandeza, o conhecimento e o prazer, encontram-se no amor divino, no Bem substancial e não perecível, isto é, Deus, e não nos bens efêmeros e transitórios.

[76] Trechos dos Tratados de Piedade de M. Hamon. Tom I. Tr. II.

[77] "Eles viram os males que se faziam no meio do povo."

[78] Este é o nome dado ao principal personagem do primeiro livro de Macabeus que aparece no segundo capítulo (1Mc 2). Matatias é um sacerdote que, junto com seus filhos, revolta-se contra Epífanes. Este tentou impor costumes e cultos helênicos à Judeia. Matatias é uma transcrição helenizada que significa o "dom do Senhor". Ver Bíblia. Português. *Bíblia: Tradução Ecumênica (TEB)*. São Paulo: Loyola: 1994, 1Mc 2.

[79] "Ai de mim!"

[80] "Que motivo temos para continuar a viver?" (1Mc 2,13).

[81] Pe. Le Nain, Hom. 112.

[82] Capítulo I do *Caminho da Perfeição*.

[83] Ez 9,4. "O Senhor lhes disse: 'Passa pelo meio da cidade, pelo meio de Jerusalém; faze uma marca na fronte dos homens que gemem e se lamentam por causa de todas as abominações que se cometem no meio dela'."

[84] Esta marca corresponde à letra hebraica *tav*, que no hebraico primitivo refere-se a uma cruz. (cf. *Bíblia: Tradução Ecumênica (TEB)*. São Paulo: Loyola: 1994, p. 816, nota i.)

[85] Jansenius atenta à transvaloração presente no seio da Igreja: as máximas institucionais são vistas como retrógradas, ao passo que *"a ignorância e a corrupção tornaram-se para todos progressos imensos"*. A ignorância e a corrupção estão manifestas na impiedade, vista como harmônica à natureza humana, na libertinagem de espírito, que justifica todas as ações, mesmo as mais perniciosas, e a tolerância das religiões diferentes do cristianismo, relativizando a sua grandeza e transformando-o em mais uma doutrina entre outras. Assim, as principais máximas e regras do cristianismo passam a ser contestadas pelo pastores, dividindo a Igreja e obscurecendo a firmeza da instituição. Para esse tipo de ignorância e corrupção não há *"nenhum remédio nem para o clero, nem para o povo"*.

[86] Referência à ignorância e à corrupção.

[87] Is 59.

[88] E página 78, Homilia 7.

[89] "De modo que por ninguém, ou por poucos, será sentida a fé sincera, purificada da nódoa das opiniões corrompidas." *En. in Ps VII*, 7.

[90] *Enarrationes in Ps VII*, 8,7. "A compreensão da verdade abandonará os cristãos." Destaco na íntegra a citação original (*En. in Ps VII*, 8,5-10): "*O Senhor julga os povos, porque então há de vir julgar os vivos e os mortos; ou [deve-se entender] que retorne para o alto, quando a compreensão da verdade abandona os cristãos pecadores, porque de seu próprio advento foi dito: Pensas que ao chegar o Filho do homem encontrará fé sobre a terra? Logo o Senhor julga os povos*" (*Dominus iudicat populos, quia inde uenturus est iudicare uiuos et mortuos; siue in altum regrediatur cum peccatores christianos deserit intellegentia ueritais, quia de ipso aduentu dictum est: Putas ueniens Filius hominis inueniet fidem super terram? Dominus ergo iudicat populos*).

[91] Esta passagem é uma adaptação do texto *En in Ps VII* 7,11-41.

[92] Foi um morador de Port-Royal de Champs. Seu secretário, Fontaine, escreveu um precioso diálogo entre Pascal e o Sr. de Sacy, ocorrido em Port-Royal de Champs em 1655 (ver *Entretien avec M. de Sacy*. In: Blaise Pascal, *Ouvres Complètes*. Ed. Louis Lafuma. Paris: Seuil, 1963, p. 291-97).

Você também poderá interessar-se por:

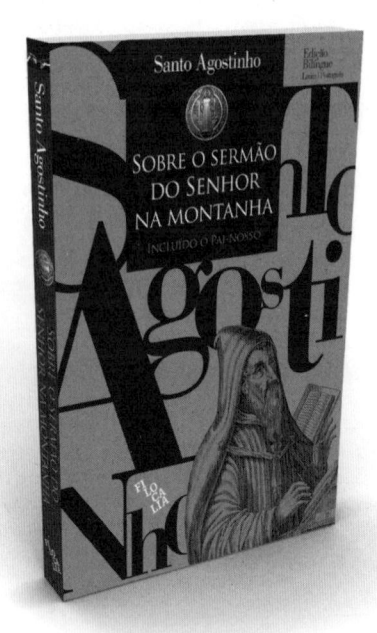

O comentário de Santo Agostinho sobre o Sermão do Senhor oferece interesse muito especial. Quando o estudamos detidamente, logo percebemos que se trata de uma primeira tentativa de apresentação da moral cristã em contato imediato com o Evangelho. Quase todos os comentários medievais do Sermão dependerão do de Agostinho. Santo Tomás de Aquino, para compor parte importante de sua Suma Teológica, releu o comentário de Agostinho e reteve-lhe, melhor que seus antecessores, as ideias principais, para integrá-las a suas questões morais.

Os livros da Editora Filocalia são comercializados e distribuídos pela É Realizações.

facebook.com/erealizacoeseditora   twitter.com/erealizacoes   instagram.com/erealizacoes

youtube.com/editorae   issuu.com/editora_e   erealizacoes.com.br

atendimento@erealizacoes.com.br